イリハム・マハムティ 著

わが青春のウイグル

――誰もが日本映画に歓喜し、健さんに憧れた

私の心の中のウイグル

日本に来て21年。

人生の半分近くを日本で過ごし、日本人となっている今も、私の心の中には今もウイグルが住んでいます。

来日当初は日本に馴染むための時間がかかりました。

そして私が日本人として日本に馴染んでいる間に、世界からウイグルの記憶やウイグルの文化、歴史が次々に消えていきました。

今、私はウイグルの文化や歴史を記憶から消してはいけないと痛切に感じます。

ウイグルに関しては多くの書籍が出版されていますが、それらの多くは「政治」面から見たウイグル問題です。ウイグルの民族性や音楽・文化に触れた本は多くありません。

海外では多くのウイグルの文化や伝統に関する書籍を売っていますが、日本では皆無といっていい状態です。

この本で、私は私の心の中にあるウイグルの生活習慣、日常生活について語ろうと思います。

イリハム・マハムティ

わが青春のウイグル
——誰もが日本映画に歓喜し、健さんに憧れた

はじめに……2

第1章　ウイグルでの暮らし

生まれたこと、そして名前のこと……10
ウイグルの女性は尊重される存在だった……17
「都市戸籍」と「農村戸籍」で生き方が変わる……21
映画の大流行、そして健さんとの出会い……23
自由でラフだった子供時代……29
「男子厨房に入らず」と母のお手伝い……32
個性が許された時代……37
幼年時代から学校生活へ……38
子供時代から垣間見えていた中国人との違い……45
大学時代の思い出～お酒とアルバイト～……47

ウイグルの結婚事情と結婚生活……48
ウイグルの伝統を伝える十二ムカーム……52
自由が残っていた1980年代……55
初めての自由市場……58
天安門事件とウイグル人学生……60
ウイグルで失われたもの……62
イスラム教に対する悲しい誤解……64
妻と子を自由な世界へ連れていきたい……69

第2章　日本へ

いざ日本へ！……74
支えとなった日本の先生たち……78
日本ウイグル協会の立ち上げ……84
殿岡先生のこと……89
念願の世界ウイグル会議……95
靖國神社への思い……99

ウイグル難民…… 103
難民を利用した中国の謀略…… 111

第3章　ウイグルの歴史と文化

清の時代につけられた「新疆」という屈辱的な名前…… 116
東トルキスタン共和国の独立と挫折…… 119
中華人民共和国成立、そして…… 123
毛沢東と中国共産党幹部によるイスラム教への迫害…… 126
ウイグルでの核実験と健康被害…… 128
産児制限・人工中絶・強制結婚という弾圧…… 131
弾圧への抵抗とその歴史…… 133
中国植民地支配とジェノサイド政策を支える新疆生産建設兵団…… 139
東トルキスタンを侵略した張本人であり殺人鬼…… 143
ウイグル人の血に染まった軍隊…… 149
ウイグルにおける時限爆弾…… 152

第4章　弾圧

ウイグルジェノサイドの始まりとなったウルムチ事件 …… 160
職業訓練センターという名の収容所 …… 164
中国の隠ぺい工作で国連も日本国民も「加害者」になる？ …… 175

巻末特別対談　ウイグル、チベット、モンゴルのこれから

イリハム・マハムティ×ペマ・ギャルポ

出会いと先駆者・白石念舟氏 …… 180
日本での生活の始まり …… 184
ウイグルにおける意識の地域差 …… 189
日本で気付いたチベット、ウイグル、モンゴル問題の根本 …… 192
世界ウイグル会議の開催と安倍晋三首相への感謝 …… 200
難民、移民問題の本質と覚悟 …… 206
ウイグル文化を守り引き継ぎたい …… 211

おわりに …… 214

出版に寄せて　～文化を守ることは民族の生命を守ること～　三浦小太郎（評論家） …… 218

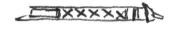

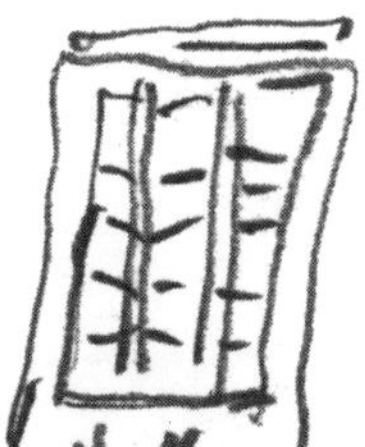

第1章

ウイグルでの暮らし

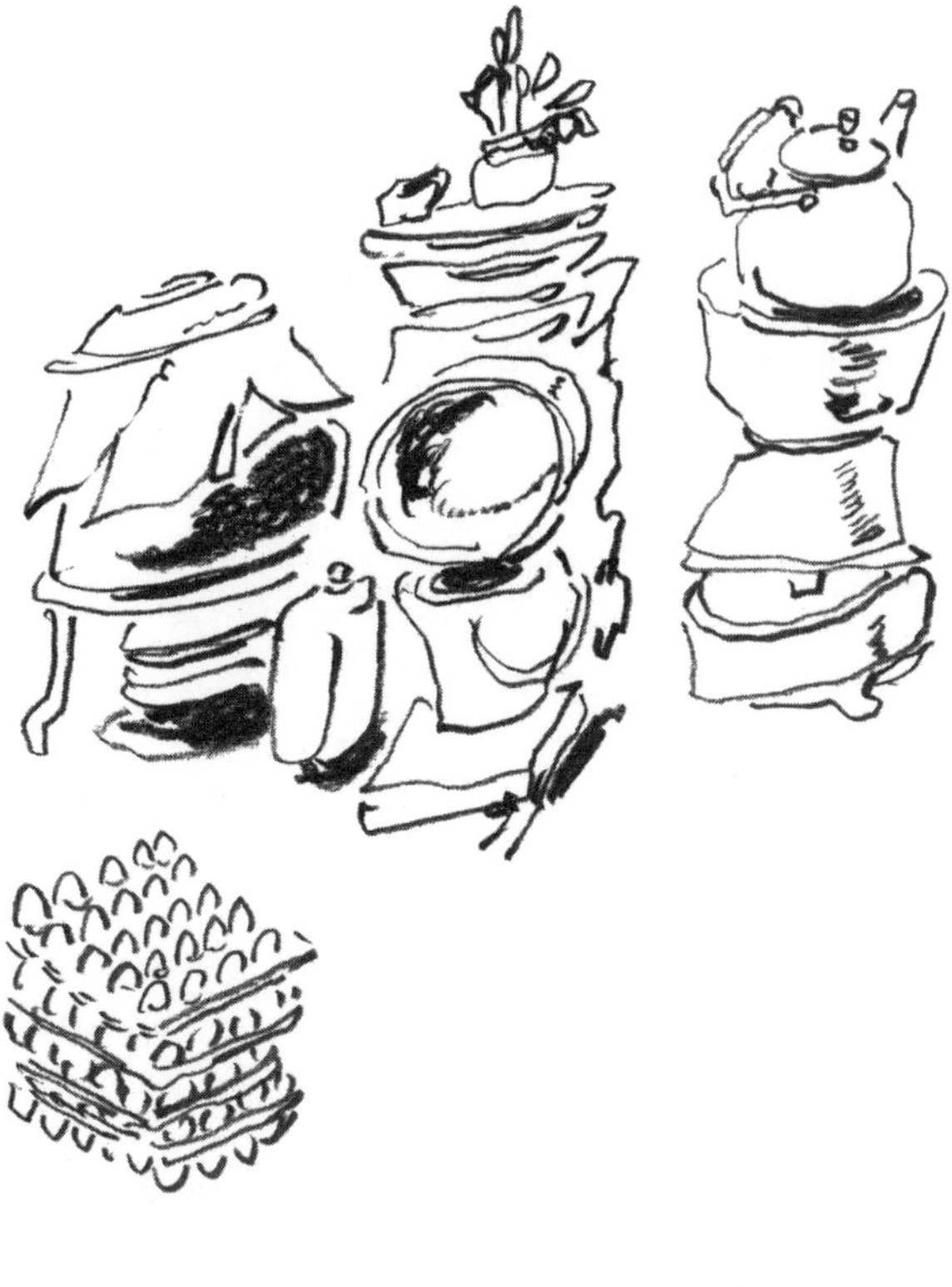

生まれたこと、そして名前のこと

私は1969年、東トルキスタン、今は「ウイグル自治区」と呼ばれる中にあるコモン生まれといってきましたが、実はウルムチ生まれで、育ったのがクムルという町です。これにはいろいろわけがあるので、少し説明をしておきましょう。

私が生まれた頃、母方の祖父はウルムチに住んでいて、すでに引退していましたがとても評判の良い仕立屋でした。当時ウルムチにあったソ連領事館の大使館員たちも、祖父に洋服を注文していたくらいでしたから相当な技術を持っていたと思います。残念ながらその後、祖父と祖母は離婚し、母は祖母に連れられて故郷クムルに移り、その後、師範学校を卒業、クムルにある学校の教師となりました。

祖母と離婚したとはいえ、祖父と家族であることは間違いありません。その祖父が病気になり、しかも危険な状態だという知らせが届き、取るものも取りあえず母は臨月の私をお腹に入れたまま、すぐにお見舞いに行くことになりました。しかし行くといっても簡単な時間と道のりではありません。しかも母は羊を一頭さばいた肉を持参して、500キロの道を電車に乗って会いに行ったのです。おそらく当時の事情を考えると16時間くらいはかかったはずで、お腹の大きな母が羊一頭分の肉を抱えていったことは驚きを禁じえません。考えられないほどの気力と、どうしても父に会いたいという想いがあっての行動であり、その母の気力には今思っても尊敬と愛情を感じています。当時の私は呑気に母のお腹の中で揺られていたのですが。

こうして私は祖父のいるウルムチで生まれました。祖父は娘が来てくれて大喜びです。さらに生まれた私の元気な泣き声を聞いて一挙に病気も快復したといいます。母の見舞いと私の誕生が祖父に元気を与えたのだと思うと、無事を願う心、愛情などが人に与える影響の素晴らしさをただただ感じます。

父は、私が9歳の頃亡くなっています。毛沢東の死の翌年のことでした。正直、父のことはそれほど深く覚えていないのですが、ちょっと怒りっぽい、子供としては怖い父だった気がします。ただ、これは病気のせいもあったかもしれません。持病がある場合や軽い病を患う人は、当時大きな病院にかかるのも大変でした。父は幸い仕事上優遇されており、2年に一度ほどは、上海や北京の病院に通うことができましたが、最終的に病には勝てなかったのです。

怒りっぽかった記憶の父に比べ母はとても優しい女性でした。私は母からは強く叱られたとか、命令されたという思い出はほとんどありません。母は学校でウイグル語の先生をしていて、経済的にも他の家庭に比べて恵まれていたと思います。読書の大切さを知っていた母は本をたくさん買ってくれました。後年私は母から教わった読書でどれだけの知識を得たかを想うと、どれほど感謝してもし足りないと実感しました。子供たちは皆そうですが、読書の習慣は幼少からといいますから、母はそれを我が子へのプレゼントとして与えてくれたのでしょう。


日本では赤ちゃんに名前を付ける時、お祖父ちゃんが付けてくれたとか偉い人が命名してくれたなどと聞くこともあり、名前の持つ意味がとても大きいことは世界でも同じだといえます。ウイグル人にとっての名前の意味についてお話しします。名前とは、神と人をつなぐものです。

私はイリハム・マハムティという名前で活動していますが、本当の名前はニジャ(nijat)といいます。このニジャという名前は「人を救うもの」という意味が含まれていて、祖父の病気が治った時も、私の名前のおかげだといわれました。

ウイグルでは、名前はその人の人生や運命を決めるものといわれ、また、神と人とを繋ぐものだという考えがありますから、名前をとても大切にします。間違った名前を付けると、その人は不幸になるとか、また病気になるともいわれていますし、逆に、ある時期に名前を変えたことで、それまでの病気や不運が治ったという話までありまます。それほど名前というものは人間にとって重要なものなのです。

もちろん、これはウイグル人だけではなくて、すべての民族が同じような考えを持っていると思います。ですが日本に来て正直驚いたことがあります。日本ではキラキラネームとかいって、まるで思い付きのような名前を付けたり、何と読むのか日本人でもわからないような漢字を使ったり、最悪は「悪魔」という名前を付ける親がいたりするということを知って、驚き信じられませんでした。

日本も昔はウイグル人同様、もしくはそれ以上に、名前というものを大切にしたはずです。よく「名前にかけて」とか「名前を辱めない」、「名に恥じぬよう」などという日本語を聞きますから。名前はとても大切なものなので、今の日本の皆さんにもぜひそうした感覚を取り戻してほしいです。

両親と私

兄と私

妹と私

なぜ私の名前がニジャからイリハムに変わったかといえば、これは私の家の事情があったようです。

私の母には兄がいましたが、男の子がいなかったため私を養子に欲しいというお願いがあったのです。これは結局、父の意見もあり実りませんでした。母は、私を産んでから三か月ほどして、学校の先生の仕事に戻り、学校内の宿舎で生活するようになりました。宿舎には他の子供たちもたくさんいて、先生同士が、互いに子供たちの面倒を見ていました。

宿舎があったのはアスタナという町で、ここで私は生後10か月、離乳食になるまでは母と暮らしていました。それから普通の食事ができるようになり、母の仕事の大事さもあり、クムルの祖母の家に引き取られたのです。クムルとアスタナはかなり距離がありましたが、それでも母は、1か月か2か月に一回ほど、祖母の家を訪れていました。

そして、祖母のもとで私はイリハムという名前で呼ばれるようになりました。これは祖母が決めたことで、家ではニジャといわれましたが、外ではイリハムといわれる

ようになり、いつの間にかイリハム・マハムティが私の本名として定着するようにな
りました。
　イリハムという名前の意味は「人を励ます」という意味です。おそらく祖母は、私
が人を導く、励ます人間になってほしいという意味を込めてこの名前に変えたのだと
思います。いずれにせよ良い名前で、後々私がウイグル運動に関わることになるのも
名前の持つ力が運命づけていたのかもしれません。私は救う人と励ます人、という二
つの命題を名前から与えられた気がしています。
　日本のように戸籍がきちんとした国では、家族の中でこうして名前が変わっていく
のは少し不思議に思うかもしれませんが、当時のウイグルでは、戸籍上の名前は届け
れば、わりと簡単に変えられたそうです。
「当時」といったのは、現在では名前は変えることができなくなっているからです。
同時に、名前についても現在では中国政府による激しい規制を受けていることにも、
ここで触れておかなければなりません。
　現在のウイグルでは名前を付ける際にも、中東世界やイスラム教をイメージさせる

ような名前、そしてウイグル固有の名前を付けることは事実上禁止です。ですので、今だったらイスラム風のイリハムもウイグル風のニジャも認めてもらえなかったことでしょう。

今ではウイグルの名前を中国風に改名することが推進され（命じられ）、それによって就職など様々な面で恩恵が受けられるようになっています。

逆にいえば、ウイグル人としての誇りを持つ名前を付けていることは様々な面で不利となり、子供たちにそのような名前を付けることも、将来を考えると親としてできなくなったのです。私たちウイグル人にとって、これがどれほど屈辱的なことなのか、名前を大切にする民族の方々はすべてわかってくれると思います。

名前とは民族・伝統などアイデンティティの一番基本になるものです。今後ウイグル人の子供たちは皆、中国名を付けなければならなくなるような時代がすでに来ています。その段階で子供たちはウイグル人ではなくなってしまうのです。これは民族の歴史を無視した迫害の第一段階ともいえる支配のひとつではないでしょうか。名前の変更だけなら、習慣や教育の少しだけなら、食生活や風習のこれぐらいなら……、そう思っている間に、民族はどんどん滅びているのです。

ウイグルの女性は尊重される存在だった

母が、近くの、といっても20キロぐらい離れた学校の教師だったため、私を育ててくれたのは祖母で、彼女は地域の中でも長老的な存在として尊敬されていました。高齢だったこともありますが、それだけが理由ではなく、女性、男性を問わず、みんなから敬われ尊重されていました。

ですから祖母の家に住むことは私にとっても、何かしら誇らしかったですし、いろいろな意味で恵まれて幸せな幼少年時代を送れました。何かあれば祖母のところへ相談に来て意見を聞く人も少なくなかったです。女性も堂々と自分の意見を述べ、基本的に男性優位社会ではあったものの、女性はないがしろにされる存在ではなく、敬い耳を傾ける存在でもありました。

日本では誤解があるようなのでここで書いておきますが、イスラム教が何か女性蔑視の宗教であるかのように（イスラムへの誤解はそれだけではありませんが）思っている人がいるようです。

この章では宗教については詳しくは論じませんが、少なくともウイグル社会では、女性の地位はとても高かったのです。服装も自由で、読者の方が思い浮かべる黒い服で目まで隠すチャドルなどもしていません。

イスラム教の国では、女性は家の奥へ閉じ込められ外へ出られない、外へ出るのは家長の許しがあった時のみ、といったことを目にするかと思いますが、ウイグルではそんなことはありませんでした。


同じイスラム教といっても国によりかなり違うことがわかります。現にウイグルの女性は母がそうであったように、仕事を持ち自立している女性も多かったのです。女性は男性の支配下にあるのではなく、逆にとても丁重に崇められていました。

実際、私の住んでいたクムルでは、女性を呼ぶ時はいつも敬称を付けます。「お前」などという目下に対しての呼び方は口が裂けても絶対に使いません。これは年齢には関係なく、例えば私は自分の娘にも敬語を使います。これは日本で育った娘のほうが不思議がって、「なぜ自分の娘に敬語を使うの？」と聞かれましたが、これはウイグルの習慣であり伝統でもありますから。子供の頃から自然に体内に入っている伝統や習慣というものは年月が経っても失われないものだと感じることがままあります。同時にそれが民族を形作る大きな要素でもあり、失ってはならないものであると確信もしています。

「都市戸籍」と「農村戸籍」で生き方が変わる

次に述べておかなければいけないのは「都市戸籍」と「農村戸籍」についてです。ウイグルには戸籍が二種類あったことにも触れておかねばなりません。祖母の家は農村戸籍でした。

戸籍による違いは、実は大変大きく、都市戸籍を持つものは大学に行かなくても、優先的に企業に入社することができるなどの特権がありました。これはウイグル人、中国人を問わずで、その一方、農村戸籍の者は農村を離れることは難しく不可能に近いです。

その意味では、私は恵まれていました。父は都会の大きな病院に通えたと前述しましたが、それは父が企業に勤めていたからこその話で、仮に父が農村戸籍であったら都会の病院へ通うなど夢のまた夢だったでしょう。都市戸籍であるかないかで命にまで関わる問題になるのが中国のやり方です。

冷静に考えると、これは都市のウイグル人と農村のウイグル人を分離し、連帯できないようにする中国の政策だったのです。実はこのやり方は、他国への亡命者も含め、ウイグル社会に鋭いくさびを打ち込んでいて、時として戸籍による同一民族の対立化のきっかけになっていることも忘れてはなりません。

都市戸籍のウイグル人は確かに恵まれてはいるけれど中国人との交流も多く、中国の影響を自然に受けるのですが、農村のウイグル人は貧しくても古来のウイグルの伝統をむしろ保持している人が多いことも事実です。しかし子供の頃はそんなことは全く考えもせず、ただただ、自分が都市戸籍の家に生まれたことをなんとなく嬉しく思っていた程度でした。

子供たちはそんな政策にもかかわらず、めいっぱい子供時代を楽しんでいました。日本では「こどもの日」は5月5日ですが、ウイグルでは6月1日がそれにあたります。この日は1年間の中でも、子供たちにとって一番嬉しい日でした。お小遣いをもらえるし、映画も子供はただで見ることができました。もらったお小遣いを握りしめてお菓子などを買いに行き、子供たち同士で分けあって食べたりします。

遊ぶといっても、今の日本のようにコンピューターゲームをしたり、遊ぶ道具を買ってくるのではなくて、子供たちはみんな自然にあるものを使います。竹馬のようなものから雪用の橇《そり》に至るまで手作り、そして落ち葉を集めての焚火、その灰の中にじゃがいもを入れ熱く焼けたものをみんなが手に持って、口の周りも灰で真っ黒にしながら食べました。日本でいう落ち葉焚きの焼き芋と同じですね。フランスにも焼き栗があり、世界共通でしょうか。

映画の大流行、そして健さんとの出会い

母は学校の教師でしたが、後に中国政府の文化局に勤めるようになりました。仕事は映画の翻訳や宣伝などでした。今思っても１９８０年代の中国は、文化大革命への反省もあってか、最も自由な時代だったと思います。外国の映画も公開されるように

なり、母の仕事も好調でした。

最初に中国で大ヒットした映画は『君よ憤怒の河を渉れ』（※）という、高倉健主演の作品でした。1979年に上映され、中国人であの映画を見ていない人はいないんじゃないかというくらい大ヒットしました。

日本に来て知った数字ですが、中国での観客動員は8億人を超えていたとのことですから、あながち誇張でもないでしょう。

※1976年、大映作品。サスペンスアクション。正義を信条とする検事が濡れ衣を着せられ日本中を逃亡しながら真犯人を挙げていく。上映3年後に中国で『追捕』名で上映され、文化大革命後初めての外国映画となった。無実の罪で連行される主人公像が共感を呼び、中国で大人気となった。監督の佐藤純彌は後に中国で『空海』『敦煌』などを撮る。

私ももちろん観ました。内容に関してはほとんど覚えていないけれど、映画の世界には本当に引き込まれました。文化大革命の時代まで、中国には面白い映画なんてほとんどなかったので、とにかくかっこいい俳優と美しい女性、きれいな衣装、豊かで自由な社会の風景、そしてやはり恋愛描写やキスシーン、アクションシーンなど、もうすべての映像が衝撃的でした。また、組織に追いつめられる個人の悲劇や、政治家をめぐる陰謀などもテーマにしていたので、文化大革命時代に様々な迫害を受けた大人たちはその面に感動していたのかもしれません。高倉健さんは亡くなりましたが、私はせっかく日本に来たのだから、一度はお会いしたかったなあとしみじみ思う時があります。

もう一つ、『サンダカン八番娼館　望郷』（※）という作品も上映され、ヒットしました。これは明治時代から昭和の初期にかけて、南方の島へ売られていった貧しい日本人女性たちを描いたものでした。これも観た時には歴史的なテーマなどとは夢にも思わず、主演女優の栗原小巻さんの美しさと、子供にはかなり刺激の強い場面が印象に残っています。

※1972年、山崎朋子原作のノンフィクション映画。「からゆきさん」と呼ばれボルネオの娼館で働いていた女性の実録記。数々の映画賞に輝いた作品として知られ、日本における「からゆきさん」の実像を知らしめた。

ただ、今思うと、このような映画を公開したのは中国政府なりの政治的計算もあったかもしれないですね。日本との国交回復、経済交流を始める以上、これまで徹底的に日本軍国主義を悪として宣伝、教育してきた中国政府としては、何らかの言い訳が必要だったはずです。

この映画は「日本国民も軍国主義の犠牲者としてこんなひどい目にあった」という共通認識を持たせるための一つの宣伝として公開されたのかもしれません。

上記二つの映画は大変ヒットしたものの中国政府の意向が強く働いていたことは否めません。当時の私はそんなことは考えも知りもせず、とにかく、女優たちの姿にドキドキしているだけでしたけれど。


その映画館ですが、人気の施設でした。映画館は夏用冬用とあり、夏は野外上映が中心でした。施設としては屋外中心ですが、他にも板かコンクリートの柱で支えた室内用の席もあった記憶があります。収容人員は500人から700人ぐらいだったと思います。大きなスクリーンが外にありアメリカのドライブインシアターのような造りを想像してもらえば良いかもしれません。

観客はお金を払ってスクリーンの正面から観るのですが、お金がない人たちはいろいろ工夫したものでした。例えば屋根の上から観たり、スクリーンの後ろ側から観たり。日本の人から、昔、小学校などでは野外スクリーンを設置して映画を観るのが夏休みの楽しみの一つだったと聞きましたが、ちょうどそんな感じだと想像します。映画館は有料で先に入ると良い席が取れるのですが、子供たちは大人の間に挟まって良い席で観たりもしました。

当時の楽しみの一つは紛れもなく映画でした。だから映画館の切符を売る人はちょっとした「偉い人」扱いで、親しくなるとたまに無料で入れてあげるなどという特権を持っていましたね。小さい子供の頃は映画館の中でよく遊んでいました。通路をうろうろしたりして遊んでいるのですが、そこは子供のこと。いつの間にか寝てしまうことも多く、すると大人に怒られます。「起きろ、家へ帰れ！」って。あの頃は親も安心して一人で行かせていましたね。何しろ観客全員といっていいほど知り合いの間柄ですし、子供たちも同年代かそれに近い仲間たちだったので。

上映される映画のほとんどが中国の共産党による国策映画でした。

今思い返しても不思議に思うことがあるのです。映画の中では当然ながら常に共産党が勝利する。が、たまに日本軍が勝つ場面もあるんです。そうすると子供たちが大喜びで映画館の中を走り回ったりするんです。

無意識の行動なのですが、無法者をヒーローが退治するアメリカ映画の西部劇のような爽快感だったかもしれないし、中国による政策と我々子供たちが無縁だったのかもしれないし、あるいは子供ながら本能的なものだったのかもしれません。心のどこかに中国のやり方に違和感があったのかもしれないと今は思うようになりました。

そういった感情の一方では中国人との交流も日常的にあり、中国人家族が同居し、中庭も一緒に使っていました。あの時代は中国に対する不満があっても、声に出しての表明はしなかったし、家庭内で子供の前では政治的な話はしなかった時代です。それでも日本軍の勝利に対する本能的な喜びの表現はいまだに不思議に思い返します。

映画も人気でしたが、その頃はテレビも家庭にあるようになっており、日本のテレビドラマも人気でした。日本のテレビドラマで『青春をつっ走れ』という番組があり、(※1972年放送)これが大人気となりました。学園ドラマで、後に千葉県知事となった森田健作さんが熱血教師役で生徒を引っ張っていくというドラマでした。

80年代には日本のドラマやアニメもたくさん放映していて、山口百恵さんの『赤いシリーズ』、『一休さん』、『森林大帝（ジャングル大帝）』などが大人気で、俳優でも高倉健、山口百恵、三浦友和、吉永小百合（以上敬称略）などが有名で憧れの存在でした。

中国のドラマや映画もあり、その多くは上海や北京などで作られていました。もちろん中国人の俳優や歌手なども人気でしたが、日本のドラマや映画、それに出演した俳優たちはどこか遠い地にいるという憧れも含めて本当に人気がありましたね。

自由でラフだった子供時代

たまに私は自分が育った家を思い出すことがあります。

私が幼年時代を送った祖母の家は、真ん中に中庭があり、そこを挟んで右側に客室、左側に寝室がありました。家の中庭は、冬になると本当に寒かったのを覚えています。でも、部屋は韓国のオンドルのような床暖房があってとても暖かく、特に右側の客室はお客がいない時は、家族の居間でもあり、台所でもあり、また休憩所にもなっていました。

ウイグルでは、友人や親戚が家に遊びに来た際、当時は夜少しでも遅くなれば、もう暗いから泊まっていきなさいということになり、そのままお客さんは左側の寝室に向かいます。これは隣近所の人でも同じでした。村でも町でも、隣近所も、友人も、あまり自分と他人の分け隔てのない関係でしたから。それに、夜になれば町は街灯もないし、ほとんど真っ暗になってしまいます。夜道を歩いていて川に落ちたりする危険もありましたし。

でも、何かあの時代は人間関係も温かく健康的で皆が心を開いて語り合っていたような気がします。

夏の映画館は本当に楽しいひと時でしたが、冬は冬でこれまた本当に楽しかった！何といっても冬の遊びは橇でした。今でもそうだと思いますが、私が子供時代のウイグルは実に寒く、しばしば雪が降っていました。雪の影響も生活の中では響いたかもしれませんが、私たち子供は雪などなんのその、存分に雪遊びを楽しんでいました。なかでも橇は最高の遊びでした。橇といっても板の下に鉄を敷いた手作りの橇です。橇遊びができるほど雪も多かったのです。

日本でも北海道や東北などでは橇遊びが冬の遊びだと思いますが、ウイグルの雪はちょうど橇遊びのためにあるようなぴったりの積もり方でしたね。当時は車なども ほとんどなかったため、街の中でも堂々と橇で遊べたのです。

ちょっとした冒険心を伴っての楽しみは、バスの後ろに張り付いて滑ったこと。これは日本では絶対に無理でしょうね。その頃、街では2本の路線バスが走っていたのですが、雪があるからそれほどスピードを出すわけでなく、子供たちにとってはスリルがあり冒険心を満足させる遊びでした。そうして存分に雪の中で遊んだ後、困ったのは靴の中に雪が入り込んでしまって足が痛くなったこと。雪の冷たさが体中を冷やしてしまいます。

でも本当に楽しかった子供時代の思い出です。

遊びといえば仲間と一緒に遊ぶことが多かった少年時代の思い出の一つに、夏の野菜ゲット作戦がありました。作戦というほど立派なものではありませんが、子供たちにとっては立派な作戦です。勇敢なる我らの仲間たちが数人集まり、夏の畑へ出かけていきます。目的地は杏、リンゴ、ナシなどがたわわに実る果樹園。そこで、実った果物を採り、シャツの中に詰め込んだ上で食べるという作戦です。

ウイグルは果樹栽培などが盛んで、果樹園の主も「食べるなら入口から堂々と入って、食べられるだけ食べろ」と言ってくれていたのですが、そこは少年のこと、スリルなしでは冒険心が満たされず忍び込んだりしていたんですね。ところが勢いに乗って食べきれないほどの量を取ってしまい、見つかるとこっぴどく叱られました。当たり前ですよね。当時、「労働して得た成果物は個人の物」という考え方はほとんどなく、果樹園の主をはじめ人々は皆おおらかでした。天の恵みは皆でシェアする、これこそ人間の本来の姿だという生き方や考え方でした。

本当に良い時代でした。緑のものは大事、そこになった果実や野菜は皆のもの、共有するものという考え方だったと思いますね。

「男子厨房に入らず」と母のお手伝い

ウイグルでは基本的に料理はお母さんがします。基本的にと言ったのは、お客さんが誰もいなければお父さんも料理をするためです。風習、習慣として「男性は料理をしない」ことになっていますから、家族以外の人がいる時には絶対に包丁を持ちません。日本にも「男子厨房に入るべからず」という言葉があるそうですが、どこでも同じように男の権威の一つに数えられているんでしょうね。料理は女性の役割として考えられていたんでしょう。

現在のような男女同権、何でもかんでも同じにしなければいけないという世界ではなかったので、それだけに「お母さんの作ったご飯」の有難さと美味しさが思い起こされます。

とはいえ当時はレストランもあり（国営店）、コックさんは必ず男性でした。ですが子供たちがレストランに行く機会などほとんどありません。そもそもあの頃、外でご飯を食べるのは恥ずかしいことだ（家事を手抜きしている？）という風潮がありましたから。それでも結婚式などの大勢のお客さんが来る時はレストランの料理人を呼び、お客様にご飯を振る舞っていました。

ということで基本的にお母さんがご飯を作ります。子供たちはもちろんお手伝いをします。女の子であったら麺の生地を作るなどですね。凄かったのは私の母です。母は学校の先生ですが、毎日自転車で15分の距離を走って帰ってきてお昼ご飯を作ってくれました。日曜日の母は本当にホッとしていたことと思います。車でひとっ走りという今の時代では考えられないことですが、母の力というのは限界がない愛だと今でも思います。

母が凄いと思ったもう一つの話です。私たちは基本的に朝食にはナンを食べます。皆さんはよく行かれるインド料理店で、大きな窯にナンの生地をペタッと張り付けて焼くのをご覧になっていると思いますが、ウイグルの家庭にある窯は現在日本にあるインド料理屋さんの窯よりもずっと大きくて直径1メートル近くありました。その熱い窯の中へ頭を突っ込んで、一枚一枚張り付けていくんです。熱さとの戦いになる作業なので、中学生ぐらいになると私もそれを手伝うようになりました。

母の手伝いを始めたのは中学生ぐらいの頃からですが、育ち盛りとあってナンとお茶だけの朝食では物足りず、家の中にあるものを使っておかずを作るようになりました。またナン屋さんの長男が仲良しだったのでその店の手伝いなどもしたりして、今考えると後年日本でレストランの経営を始めたのも、その頃に培われた経験があったからでしょう。母にも「ラグメン」というウイグルの手作り麺を作って食べさせ、とても喜んでもらいました。

料理だけでなく母の手伝いはよくしていました。その頃には父も亡くなっており、妹は祖母の家に預けられ、私と兄、母の3人暮らしでした。忙しい母の手伝いをごく自然にするようになったことと、そして夫を亡くした母の哀しい顔が少しでも明るくなるようにと子供心にも願っていたからです。

学校から帰ると庭に水まきをする。水を撒くと涼しくなると同時に大地の香りが立ち昇ってくるのです。お母さんの帰る頃を見計らって水を撒いて、母がとても喜んでくれる、それを見て私もますます嬉しくなり、さらにお手伝いをするようになる、という感じでした。母に喜んでもらう、お手伝いをする、この二つは私の気持ちであり母への感謝と愛情の表現であったように思います。

前にも書きましたが、子供が一年で一番嬉しい日は「子供の日」でした。この日は一年の中でも、最大に嬉しい日で、お小遣いが貰え、さらに新しい服を買ってもらい、しかもただで映画が見られる日！　嬉しくないわけはありません。だから子供の日を迎える準備もウキウキする時間なのは当たり前ですね。

当日はお小遣いを貰うと子供同士で集まって買いものに行きます。それぞれ買ったお菓子などを分け合って楽しみながら食べたりしたんですが、一番人気はなんといってもアイスキャンディでした。6月ともなれば結構暑い日もありますから、冷たいサクサクッとしたアイスキャンディはいまでも食べたい、食べたいと思ってしまいます。

新しい洋服が買ってもらえるのが子供の日ですが、その他にもウイグルの大きな二つの祭りも新しい洋服が買ってもらえる日でした。

犠牲祭とラマダン（断食明け）という2大祭りがそれです。その日は羊を一頭さばいて食べる日でした。お小遣いも貰えるうえ、勉強などの拘束からも解放される日でもあり、なおかつお腹一杯食べられ、友達とも目一杯遊べるというとんでもなく嬉しい日でした。

あまり知られていないのですが、ウイグルはとても広い国で、有名なゴビ砂漠も実は北海道の4倍ぐらいの面積を占めています。しかし気候的には厳しい場所も多く、実際に人が住める環境はそう多くはありません。自然に人々は住環境のある街に集まってくるのですが、私が住んでいた町も30万人ぐらいの人々が住んでいました。その町で私たち子供は何不自由なく少年時代を過ごしていたのです。

個性が許された時代

実際に私の少年時代は共産党の悪口を言っても警察に捕まることなどはありませんでした。胡耀邦《こようほう》の時代は良かった。政府の腐敗がサロンの片隅で語られていても拘束はなく、自由な意見交換ができた最後の時代だったのです。

当然、若者を中心に流行を追ったりする傾向もあったのです。70年代の日本の映画から流行ったものに、日本でいうベルボトムのズボン「ラッパズボン・パンタロン」がありました。

私も中学生ぐらいになると服に対する興味が出始め、自分の個性に拘り始めました。お手本となるのが日本の映画で、そこに出てくる服や髪型などの流行を追うようになります。かといってお小遣いを費やすわけにもいかず、洋服を買うために小さな工事現場などでアルバイトをしてお金を貯めては洋服を買っていました。お母さんは子供にアルバイトをさせるのは恥ずかしいという思いをしていたはずですが「イリハムが自分で考えてやっているし、イリハムが選んだことだから」と私を信頼してくれていました。その時は理解できなかったのですが、大人になってから母が心の中では私の自立心を喜び、誇りに思ってくれていたのだと理解しました。

思えば当時80年代は、アルバイトをしたり好きな服が買えたり、外国の影響を受けたものが流行ったりと、のびのびと屈託のない子供時代・青春時代を過ごせたことは私の中ではとても大きな経験で、それだけに失われたものに対する郷愁に駆られるのです。

幼年時代から学校生活へ

話は前後しますが、私が小学校に入学したのは1976年、7歳になる1か月前のことでした。ウイグルの新学期は9月1日から始まります。当時の学校制度は、小学校5年間、中学校3年間、高校2年間の10年間でしたが、私が高校生の頃、中学校3年間、高校3年間の11年間に変わったはずです。

小学校は中国語使用の学校とウイグル語使用の学校に分かれていました。もちろん今では、すべてが中国語学校となってしまいましたが、2010年代までは、ウイグル語で学べる小学校もありました。

私も最初はウイグル語学校に行く予定だったのですが、家から近いことと友達がいることで、中国語学校を選ぶことになりました。ウイグル語専門の学校は都市にはなく、ほとんどが農村部に置かれていました。祖母の家からウイグル語の学校まではかなり距離があったことも、中国語学校に行く理由の一つでした。

入学した最初のうちは、中国語がよく理解できないため授業についていけなかったのですが、子供の吸収力は凄いもので、半年もたたないうちに理解できるようになりました。

私が通った小学校は2クラスでした。ウイグル語・中国語とそれぞれのクラスがある学校も他にありました。私のクラスは1クラス40人くらいでしたが、ウイグル人は3人か4人しかいませんでした。

小学校の3年か4年になれば、中国語のクラスは英語を、ウイグル語のクラスは中国語を習うようになります。学科は、数学、国語（中国語）、体育、理科、絵画、音楽などがありました。

日本では当たり前のように給食がありますが、ウイグルの小学校にはありませんでした。まだ中国全体が貧しかったこともあります。給食がない代わりにお昼休みはたっぷり2時間くらいあり、家が遠い子供たちも含め、皆家に帰って食事をして戻ってきました。

夏の暑い時期には、お昼休みは4時間くらいあって、その代わり授業は後ろ倒しになり学校の終わる時間も夕方ではなく夜の6時とか7時になりました。

ここで特に書いておきたいのは、当時の小学校の先生たちはウイグル人だからといって差別することはなく、本当に教育熱心で、貧しい環境の中でしたが私たちに全身全霊で学問を教えてくれました。あとになって私が大学を卒業したことを知り、とても喜んでくれた先生もいたと聞きます。

小学校の最初の頃、私がまだ中国語ができない時も、言葉はわからずに困っていないかどうか、またはいじめられたりしていないか、特にウイグル人の上級生や先生たちはずいぶん気を配ってくれました。

そして、学校の中は今と比べて自由で差別もそれほどひどくはなかったです。本もずいぶん読みましたし、授業を受けるのはとても楽しかったのです。

母は自分が学校の先生だったこともあり、本をたくさん私に与えてくれました。今の私の活動からするとおかしな話かもしれませんが、子供心に結構印象が強かったのが、レーニンについての本でしたね。

まだ幼い頃だったこともあって、理想に燃え社会正義を実現するために革命家となったレーニンの姿に感動していたのかもしれません。もちろん、内容は共産党を礼賛するものでしたが、当時の私は素直に感動していました。

本の楽しみを覚えたのも小学校時代です。毛沢東が生きていた時代は、まだ文化大革命の影響もあり、図書館も自由に本を探したり借り出したりはできなかったですが、毛沢東死後は自由に読めるようにもなりました。

子供の頃の私がとても面白く読んだのは、中国の古典『西遊記』ですね。子供なら誰しも、あのような冒険小説には惹かれると思いますが、私も何度も読みました。

今思い返すと『西遊記』で中国語の勉強をしたようなものかもしれません。小学生の私は『新華字典』という中国語の辞書を持っていました。

私が読んだ『西遊記』は今の簡体字ではなく、１９５０年代まで使われていた旧漢字で書かれていました。私は辞書を引きながら『西遊記』を読んだおかげで、日本に来てからも漢字を読むことにあまり苦労しないで済みました。私にとっては忘れられない本の一つです。

漢字を生み出したのは中国かもしれないけれど、文化大革命以後その漢字文化を破壊してしまったのも中国です。今の中国人は下手すると台湾の新聞も読めないかもしれません。台湾の新聞は正式な昔の漢字を使っていますからね。

他にも、私は歴史や偉人、英雄のことを書いた本が好きで、匈奴《きょうど》・突厥《とっけつ》などの英雄伝に夢中になりました。

当時はノートも貴重で、マス目が書かれたノートにびっしりとメモをし、全部のページを使い切ってもまだ裏表紙など白いところには線を自分で引いて使っていました。

子供時代の私は、町で行われた数学の計算コンクールで、上位に入賞したこともありますし、元気がよすぎて、いたずらや乱暴があると、母が先生に注意を受けたこともありました。学校の先生の権威は高くて両親も逆らえなかったのです。

体育に関していうと当時の人気第一はサッカーでした。サッカー、バスケットボール、バレーボール、体操、陸上などがあり、授業でも取り入れていましたが、どのスポーツをやるかについては「お前は背が高いからバレー」などと先生が決めることがほとんどだったと記憶しています。ウイグル人はもともとスポーツ感覚が優れている民族で、子供の頃からスポーツに親しみ、スポーツも盛んでした。

また、スポーツの類に入るかどうかわかりませんが、たしか5年生ぐらいの時でしたが、射撃を習ったことがあります。友達のお父さんが射撃チームの監督で、遊びに行った時に誘われ、自宅から2キロほどの街のチームの練習場に週3回くらい通っていました。

我ながら腕はよかったのですが、高校生の頃には辞めてしまいましたけれども。日本ではなかなかできない銃の練習ですが、ウイグルでは身近でした。

銃の練習は相当きついものがあり、撃つところまで到達するのが大変です。最初は弾などくれません。

まずは銃を持つ訓練。次に銃を撃つ時の構え、これはいろんな型があり、地面に伏せる、起つ、構える、などなど、まずは銃がぶれないように構えをする訓練からです。

①銃がぶれないように持つ

②レンガを2個置いて、その間に銃を挟み重さを感じる

③銃は小口径のもの（世界的に使われていた22口径？）
④1～2か月かかって、やっと弾を5発もらえる
⑤的は50メートルほど離れたところにある丸い的
⑥撃った結果、当たっていなければまた最初からやり直し

こんなふうに訓練されるのですが、中学生のためスポーツ感覚でやっていたので長くは続きませんでした。何しろ「伏せ！」の姿勢で銃を持つのはものすごくつらい、手も痺れる、の連続でいつしか行かなくなってしまいました。今思うとちょっと残念だったかも？　ウイグルの銃チームは強い！　ウイグルの銃チームの成績は凄くよく、自治区チームでは全国大会にも出場したぐらいです。銃の名手になる条件として目が良いことが挙げられますが、それはウイグル人で眼鏡をかけている人はほとんどいなかったことでもわかると思います。それに比べ中国人チームの三分の一の人が眼鏡をかけていました。

これは生活習慣なども関係してくるので、ウイグルの人は自然との共生度が高かったのだろうと思います。現に私も日本に来てから、スマホやパソコンが日常となるにつれどんどん目が悪くなってきて、そろそろ眼鏡が必要かと考えています。

子供時代から垣間見えていた中国人との違い

ウイグルに住む中国人たちは、すでに子供の頃から、親からウイグル人へのある種の差別意識のようなものを植え付けられていきます。

ただ、そうはいっても、子供時代はまだ、ウイグル人も中国人もそれほど差別や対立があったわけではありませんでした。

それでも、中国人の生徒と私たちウイグル人生徒の間には、やはり最初から何か目に見えない壁があり、それは中学に進学するにしたがって広がっていくようでした。

小学校の卒業式は，集合写真を一枚撮影し、卒業証書をもらっただけでしたが、今も時々、毎日、学ぶことも遊ぶことも楽しかった少年時代や、あの情熱的な先生たちや同級生を懐かしく思い出すこともあります。

しかし、残念なことではありますが、小学校時代に同級生だった中国人生徒たちとは、その後、ほとんど連絡も取れなくなっていきました。だんだんと住む世界が違ってきて、今は、彼らがどうしているか全くわかりません。もしかしたら、私たちウイグル人を弾圧する側にいるのかもしれないと思うと、少し複雑な気持ちになります。

中学に上がると、歴史の授業が始まります。もちろん、ウイグルの歴史を学べるわけではなく、中国の歴史、それも共産党中心の歴史観を学びます。

そして、小学校6年くらいから「政治」の授業が始まり、中学時代から本格的に学びました。もちろん、これは人間の理想社会は共産主義社会であり、共産党は人民を代表する唯一の政党だ、という教えです。

私はこうして、小中学校は中国語授業の学校、そして高校はウイグル語授業の学校に進みました。

正直、高校生になり、先生も生徒もウイグル人ばかりになった時に、何かほっとするものがありました。これはやはり、子供なりに中国人と私たちウイグル人の立場の違いを意識するようになっていたのかもしれません。

さらに、ウイグル人学校で学ぶようになると、やはり学校の設備なども違うことがだんだんわかってきます。特に学校の機材や設備は、はっきりと中国人学校のほうが上でした。

私の少年時代が、こうして終わっていくことになりました。

大学時代の思い出〜お酒とアルバイト〜

私が高校生の頃、母の月給は80元〜90元でした。一般労働者の給料が月に45元ぐらいでしたから、相当裕福な状況だったと思います。本を山ほど買ってくれて、私がアルバイトをした時に「自立心」と捉えてくれたのもそういう経済的な基盤があったからだと思います。大学に入ってからも、私の自立心は失われることなく、せっせとアルバイトをしていました。大学時代は学生寮に入っていたのですが、寮費は無料のうえ月40元の食券が出るので別に困らなかったのですが、仲間たちと遊ぶことも多くなり、女の子ともちろん遊ぶ機会も出てきました。青春真っ只中でした。

夏休みと冬休みに帰郷した時は、朝早く市場へ行き、羊肉を買ってきて捌いて市場より安く売るというアルバイトをしました。1頭で2〜3元になるという学生にしては本当に割の良いものでした。

その頃から大学構内の裏でお酒を売るようになり、お酒の味を覚え、宿舎でお酒を飲む機会も増えました。友達とお酒を飲むのも楽しく、集まってはお酒でした。かといって学内で見つかるといけないので、考え出したのが、写真のフィルムケースにお酒を入れるという方法。ちょっぴりしか入りませんが、必要は発明の母でこれもまた楽しかった思い出です。

その時に知った一人がノエル・ヴェッカリー、当時私が在学していた新疆《しんきょう》大学の共産主義青年団の書記をしていた人です。たまたま彼が校内パトロールをしていた時に仲間と飲酒しているのを見つかり、即説教タイムです。そこで私は「私の父は政府にいる人間だ。手を出したらあなたが困るよ」と言ったところ見逃してくれました。

後々主席になった人だけに上昇志向が強く「父が政府の人間」という言葉に反応してくれたのですが、バレていたらどうなっていたことでしょう。幸いバレずに楽しかった思い出の一つになりました。

ウイグルの結婚事情と結婚生活

ウイグルでは男女が結婚を申し込む時は、まず、男性の家が女性の家に「仲介人」を送ります。これは日本の「仲人」に近いものかもしれません。男性側の両親や本人が、直接女性の家や本人に直接結婚を申し込むことは、礼儀を知らないこととされ、まずありえないことでした。

男性側は、まず結婚したい希望を仲介人に伝え、仲介人は公正な立場で女性側にその意思を伝え、それぞれの家の事情や希望を調整します。

この仲介人は、地域における信頼された名士が引き受けます。そして、女性側が願いを受け入れた場合のみ、めでたく結婚が決まるという段取りになっています。

もしも、女性の側が結婚を拒絶したり、いくつかの条件を付けてきたりした場合は、仲介人はそのことを男性側に伝え、女性の条件や要望を受け入れるかどうかを尋ねます。そのようなケースがあるのですから、仲介人は調整力や信頼がないと難しいということで、地域の中でも選ばれた人しかできないのはおわかりいただけると思います。

そしてめでたく結婚が決まれば、新郎となる男性の母親は、仲介人や何人かの女性とともに、布地やいろいろな品々を持って新婦の家に行きます。

これを「小さなお茶（キチキ・チャイ）」といいます。荷物が受け入れられるということは、両方の家が一体となったことを意味します。

新婦とその家族が結婚に承諾した時点で、次に「大きなお茶（チョン・チャイ）」

というイベントの日取りが決められます。「大きな茶」では、新郎が布地、衣装、羊や牛などの家畜、ナン（パン）や米などを贈られます。結婚式の日取りはこの時に決められます。

結婚式では、たくさんの花などで飾られた新婦の家で、新郎と新婦はそれぞれ「私は○○さんと結婚します」「はい、私は承諾します」と言葉を交わし、参加した友人や親族はその声を聴いて、そこから祝宴が開かれます。

新郎、新婦はその時、塩に浸した辛いナンを食べますが、それは塩辛いナンは世の中の苦難を表すもので、これからどんなつらいことがあっても、二人はともにそれを耐えていくという意味が含まれているといわれます。

こうしてめでたく結婚、そうこうしているうちに赤ちゃんの誕生がやってきます。ウイグルでは一般的に、妊婦が実家に帰って出産します。子供が生まれた時は、親戚や近所の人たちが「タワク」という大きなお皿の中にいろいろな料理やお菓子を入れ、お祝いとして持ってきます。赤ちゃんにも服や玩具が捧げられます。

日本でも赤ちゃんが生まれるとお祝いはもちろんのこと、お七夜、お食い初め、初節句などがありますが、ウイグルでも赤ちゃんの誕生はとても嬉しいことなので、周囲の人たちはこぞってお祝いの気持ちを表します。

生後40日目には「ゆりかごの祝い」という祝いが行われます。夫の両親、親戚、近所の人々、友人などが多数招待される日です。

この時の舞台は嫁の実家です。夫の両親はお祝いとして、毛布や衣服、装飾品などのプレゼントを持ってきて、息子の嫁とその家族に感謝します。

そしてお祝いのお客が帰った後、夫の両親は嫁と孫を連れて、嫁の実家から家に戻ります。その祝いの席では、嫁と孫の頭にお香の煙をかけて清めるという習慣があります。

赤ちゃんの誕生は、単に夫婦と家族だけではなく、近所の人々がこぞって祝うことでした。産院や病院などたくさんあるわけではなく、近隣の人が集まって赤ちゃんの誕生を祝う日でした。現在の日本は家ではなく安全で清潔な病院での出産がほとんどだと思いますが、どちらが幸せな誕生であるかどうかは、考え方次第ではないでしょうか。

ウイグルの伝統を伝える十二ムカーム

ウイグルのことを伝える時に、「十二ムカーム」は忘れてはならない伝統芸術です。これは歌、舞踊、音楽から構成されています。以前ウイグル研究者の萩田麗子氏が『ウイグル十二ムカーム　シルクロードにこだまする愛の歌』（集広舎刊）として出版しています。

ムカームとは、元はアラビア語の旋律を意味しているといわれていますが、十世紀後半以降イスラム教が伝播されると時を同じくして、ペルシャ・アラビアの影響を受けつつ、ウイグルの伝統音楽になったものです。「音楽、歌、踊りで構成される大型組曲」という感じで発展してきました。

ムカームには楽譜や記録などはほとんどありません。演奏者は「ムカムチー」と呼ばれ、その人たちによって伝えられてきました。西洋にも吟遊詩人、日本にも琵琶法師がおり、彼らが歴史や伝統・文化などを伝えてきたのですが、ムカームも同じようにムカムチーにより伝えられてきたのです。

そもそもウイグルという言葉には、「混合・団結」という意味もあり、ウイグル文化の素晴らしい世界を伝えられるものだと誇りに思っています。

このムカームはいったん中国内の内乱や社会変化の中で途絶える危機にありました。しかし、新疆自治区初代主席サイフディン・アズィーズィーにより、１９５１年から正式にムカームの発掘保存プロジェクトが始まりました。

現在は「十二ムカーム」に関して日本の多くの方は知らないことと思います。

私はこの音楽の中に込められたウイグルの伝統や歴史を、これから多くの日本の方に知っていただきたいと強く願っています。

次の一節は「十二ムカーム」からです。私にはとても大切なものです。

「春が来て　お前の顔の花園を隠していた幕が開けられた　蕾がほころぶ番となり
棘の姿は隠れてしまった　春の日のような光で　花園は聖なるシナイ山となった　来れ　モーゼよ　言葉を交わし　光と火の秘密を解き明かせ」

「頭上に真っ白な雪を頂く山々よ　私のこの様な有り様を　お前たちは見たことがあ

るか　敵にとらえられてしまった　私のこんな有り様を　お前たちは見たことがあるか
私の涙に　目をとめてくれ　誰一人　私のそばにやって来てはくれぬ　頭上には　雨のような鞭が降ってくる　私のこんな有り様を　お前たちは見たことがあるか」

「運命の混乱の中　私のように弱り切ったものがいるだろうか　この世の暴虐と不正の中　私のようにおとしめられたものがいるだろうか」

「ああ　天輪が軌道を外れ、最後の日の謡言を作り出したから　この世は凄まじい混乱に陥った　流言飛語の嵐は　平安の灯を消してしまう　今や墓場同前のこの世界にさえ安らぎはない」

「この世の宴に　時に誠実なものが現れたとしても　天は彼らの頭上に　苦難の意志を降らせて消滅させる　よき人の名はこの世に残る　悪事を働いたものは　その名もその跡も　わずかも残らぬ」

「故郷を離れ　異郷の地を転々としたことがないなら王たちには　故郷の価値がわからない　悪人とのつきあいがなければ　善人の価値はわからない」

「神は誰にでも痛みを与えるが　痛みを治す力も与えてくれる　苦悩と苦痛に襲われて初めて　しもべは『神よ！』と叫びの声を挙げる」

自由が残っていた１９８０年代

私が大学に入学した当時、大学入学試験は全国一律同一試験、進学率は50〜60%で、志望校を3〜4校申請し試験結果を教育委員会へ提出、その後成績によって進む大学が決められます。それに従い私は新疆大学に入学しました。この大学時代、私にとってもまたウイグルや中国にとっても重大な変化が起こりました。いうまでもなく、それは１９８９年6月4日の天安門事件です。

最初に言っておきますと、私の少年時代・青年時代、つまり文化大革命が終わり、経済の改革開放を推し進めた鄧小平《とうしょうへい》や、特に民族問題にも同情的だった改革派政治家、胡耀邦の時代だった80年代は、現代中国の歴史の中で、最も自由で各民族の権利も多少は尊重されていた時代だったと確信しています。その時期に生まれ、青年時代を過ごせたこと、これは私たちの世代にとって実に幸運なことでした。

もちろん、それでも共産党の一党独裁だったことに変わりはありません。しかし中国人の間でも１９６０年代から70年代にかけての文化大革命に対してだけは一定の反省が広がっていました。文化大革命では中国人自身もひどい目にあったのですから当たり前かもしれませんが、胡耀邦がチベットに来て政策の誤りを認めたように、私たちウイグル人に対しても文化大革命時代の間違いを認める姿勢はあったのです。

私が生まれた１９６９年は、文化大革命の真っ最中でした。その時には、宗教的な行事は一切禁止されていたと聞いています。

例えば結婚式も本来はご近所ともども幸せな儀式として皆で祝うものでしたが、そのようなことはできず、ひっそりと少数の人たちだけで集まり、そこにイスラム教のイマーム（宗教指導者）をお呼びして祝福してもらっていたようです。

しかし私の家を含め、文化大革命の時代にも信仰やウイグル人としての生活習慣は守られていました。

もちろん、当時は寺院などもほとんど閉鎖、もしくは破壊されていましたが、祖父は家でコーランを読んでいたし、夜中になるとひそかに近所の人たちが集まってきて、イスラムの教えを伝えていました。

これは非常に勇気を必要とすることではないでしょうか。ですから私はその意味でもとても祖父、祖母や両親を尊敬しています。

実際に文化大革命時代に何があったか、私は祖父母からも両親からもそれ以上のことは何も聞かされたことはありませんでした。

やはりつらい思い出やひどい事件があったからでしょうし、同時にたとえ今（80年代）は多少中国政府が過去を反省しているように見えても、それはいつひっくり返るかわからないという警戒心や不安な意識もあったと思います。

文化大革命の時代には、それこそ鄧小平をはじめ改革開放を主導している政治家たちはすべて「資本主義に走る許せない政治家、人民への裏切り者」として全否定されていましたが、それがこの80年代には１００％逆の評価になり、文化大革命を指導した四人組などが絶対悪となったのですから、この状態もいつ変わるかわからないという気持ちであったと思います。

私の家の天井には大きな穴が開いていました。その穴は新聞や板などでふさがれていましたが、これは文化大革命時代に、当時の紅衛兵が「武闘」といわれた衝突を繰り返し、戦争状態のような事態になったことがあり「その時に屋根に着弾した不発弾が開けた穴なのだよ。幸い家には誰もいなかったので助かったのさ」と家族に教えられたのを今も覚えています。当時の状態を知る具体的な痕跡でした。

文化大革命を否定し、改革開放政策が軌道に乗りつつあった1980年代は、今思えば、中国が最も自由であった時代のような気がします。当時私の住んでいたコムルは、人口30万人くらいの日本でいうと中堅自治体のような町だったと思いますが、一般人が住む家の天井に穴が開いているというのは、おそらく全土で同じようなケースがあったという証でもあります。

初めての自由市場

中学生だった頃に初めて自由市場ができました。この市場には、農村戸籍であれ都市戸籍であれ、誰でも自由に参加できるため、人々に歓迎されとても活気のある市場となりました。

当時農村では国から与えられた耕作地で指定された農作物を作っていたのですが、その周囲の空いている土地などを多少使って自由に作物を作り、それを売りに行くことができました。それとともに中国の内陸部や都市部から様々な日用品や品物を持ってきて売る人も出てきました。

それと同時に目立ち始めたのは、人々が外食をするようになったことです。外食をするだけの余裕ができたこともありますし、経済が動くようになって仕事が増えたことで多忙のため家で食事をする時間が失われてきたことも理由として挙げられるかと思います。この生活の変化に伴い自由市場ができたのです。

もちろん国営の商店が従来からありましたが、自由市場のほうがずっといい製品や安い製品がそろっているので、当然の如くそちらにどんどん買い物に行くようになります。最終的に当局は自由市場を統制することになるのですが、改革開放経済というのは、まずこのような自由な市場から始まっていました。

少なくとも80年代は、ウイグルの文化や衣装なども、直接禁止されるようなことはほとんどありませんでした。自分たちの文化や信仰が、これからは許され守られるのではないかという期待感が当時の私の周囲にはありました。

例えば現在はユネスコの無形文化遺産に登録されているウイグルの十二ムカーム（52ページ参照）も、この時期に整理され記録されています。

私は前述のように、高校からはウイグル語学校に通いましたが、そこではウイグルの文化や歴史も、不十分な形ではあれ教えられ、その中で育ちました。

社会全体を見ても、多少中国共産党を批判したとて、それが原因で逮捕されるようなことはありませんでした。

ウイグルだけではなく、中国全体がそうなっていたからこそ、中国民主化運動も生まれてきたのだと思います。

天安門事件とウイグル人学生

１９８５年には、ウイグルでも大規模なデモが起きました。

デモの要求は、①ウイグルに対する中国人の大量移民反対、②これまで行われてきた核実験に対する抗議、③民族自治権の尊重など、私たちウイグル人たちが求めているものをまさに体現した行動でした。

もちろんすぐに弾圧はされましたが、当時はまだまだこのような抗議デモを行うこともできたのです。

１９８９年に北京の天安門広場で大きな民主化運動が始まったことはもちろんウイグルにも伝わってきました。当時はウイグルでも支援デモや連帯集会が行われて、私もそれに参加したこともあります。

しかし同年6月4日、ご存じのように人民解放軍による大弾圧が起きてしまいました。そして中国政府は、この活動を「外国のスパイやその意を受けた扇動者がこの運動を起こしたのだ、学生たちはそれに騙されていた」という宣伝を行いました。

北京に留学していたウイグル人学生たちも、戻ってきても一切天安門でのことはしゃべろうとしませんでした。

北京で彼らは厳しい「学習」を受け、絶対にここで見聞きしたことはしゃべってはならない、と脅迫されたという噂があちこちで聞かれました。

天安門の民主化運動の指導者の中に、ウイグル人のウーアルカイシがいたことは有名です。ただ彼は当時は少なくとも、自分がウイグル人だということはほとんど語らず、そのことを意識しているようにも思えませんでした。

彼がウイグル人としてのアイデンティティを主張するようになったのは、台湾に亡命してずっと後、むしろ最近のことです。今後、ウーアルカイシには、むしろウイグル人としての発言をもっと期待したいです。私は何度か彼と話しましたが、本質的には民族意識をきちんと持っている人だと信じています。

ウイグルで失われたもの

天安門事件以後、明らかにウイグルでも情勢は変わりました。人々はまた、自分の政治的な意見を口にするのをためらうようになりました。そして、私たちにとって天安門事件と同じように重要なことは、歴史家のトルグン・アルマスの『ウイグル人』が、この年発売されたことでした。

トルグン・アルマスは1924年に生まれ、最初は小学校の先生をしていましたが、1943年、中国国民党の軍隊にウイグルの民族意識を説く危険な教師だということで逮捕され、1949年の中華人民共和国建国まで獄中生活を送りました。

釈放後はウルムチで、ウイグル文化協会やウイグル自治区文学文芸連合会に属しながら執筆と研究を行っていましたが、文化大革命の時代、1970年に中国共産党により逮捕され、約7年間を地下300メートルの炭鉱で重労働を課せられていました。

言論の場を権力によって奪われ、自由に資料を探すこともできなかったのに、この偉大な知識人は独自の歴史研究を続け、文化大革命が終わり、わずかであれ自由が訪れた束の間といえるこの時代に、ウイグルの歴史書をまとめようとしていたのです。

彼は中国側の資料と他の文献が読める環境にありました。それを読み込むことによって、ウイグル人にとっての真実を引き出すことに成功しました。『ウイグル人』は、ウイグルが中国とは全く異なる歴史と伝統、価値観を持っていること、そしてしばしば中国によって不当に侵略されてきたことを、学問的にも立証しました。

しかし、残念ながら、この『ウイグル人』の記述は中世の段階で終わっています。これは、情勢の変化を見て、もはやこの時期を逃したら永久に日の目を見ないだろう、半端ではあるが今しか出版はできないと腹を括り未完成品であれ世に出そうとしたのでしょう。1989年、『ウイグル人』は出版されました。ウイグル語で書かれた私たちの歴史が世界に登場したのです。

しかしただちに「これは歴史の歪曲だ、民族の対立をあおる危険な書物だ」という批判を受け、トルグン・アルマスは事実上幽閉され、そののち新たな著作を書くことはかなわず世を去ります。もちろん中国では発禁の書となり、現在は世界ウイグル会議が復刊し、外国でしか読むことはできません。

しかし、この『ウイグル人』が、日本語に翻訳され、集広舎（アジア関係書籍に特化した出版社）から出版されているのはとても素晴らしいことです。

多くの日本在住ウイグル人が、この本を買っています。集広舎社長の川端さんは、編集時、この本にすべて仮名のルビを振ってくれました。

この本は私たちウイグル人が日本語の勉強をする上でもとても役立っていますし、翻訳してくださった東綾子さんにも感謝の言葉しかありません。

イスラム教に対する悲しい誤解

天安門事件以後、ただちにウイグルで弾圧が厳しくなったとまでは言えませんが、実際にはその影響はじわじわと進んでいました。

モスクでお祈りをすること、イスラムの信仰を堂々と公的な場で語ることは皆が避けるようになっていきました。

ここでぜひ触れておきたいのですが、イスラムの信仰については、中国人の偏見や差別はもちろん、ここ日本でも少し誤解があるように思えてなりません。

イスラム教に関しての多くの方々が誤解していることは多々あります。その一方で

ＩＳ（イスラム国）やタリバンの一部など、過激な原理主義的イスラム運動が世界にあることも事実です。

彼らの主張だけを聞けば、コーランに書いてあることをすべての民族に強制し、女性は男性の前で顔すら出してはいけないとか、異教徒の音楽はすべて禁止する、楽器演奏も許さない、かつてのカリフ制度そのままの復活による神権政治など、とても受け入れがたいものを感じると思います。

しかしそのようなイスラム教は、歴史的にもまた現在においても一度たりともウイグル人が受け入れたことはありません。

ウイグルの人々は、先に紹介した十二ムカームのように、歌と踊りを心から愛してきました。それは今も同じで、私は欧米の音楽であれ日本の音楽であれ、素晴らしい音楽を聴いている時はとても幸せな気持ちになります。

そしてウイグルの伝統的な民族衣装を見てもらえば、その豊かな色彩は、イスラム原理主義者の全身黒ずくめの服装とは全く真逆なこともわかるはずです。何よりも、私の受けた教育が、原理主義とは無縁のものでした。

私の両親も祖父母も、まず私に、「悪いことをしてはいけない」「他人には思いやりを持ち、ひたすら誠実に接しなさい」という日常道徳をしっかりと教えてくれました。

そして、イスラムの教えを伝える時も、私の「神様はどこにいるの」という問いに「神様は自分の心の中にいつもいる」、「善い行いも悪い行いも、人間が見ていなくても天使はいつも見つめている。そのことを忘れて、目の前の損得にとらわれ、見つからなければいいと思って、嘘をついたり悪いことをしてはいけない」というふうに答えていました。ただコーランを暗記させるのではなく、まず自分の心の持ち方、それが神様に通じているのだということを、何度も繰り返し、体と心の中にしっかりと入っていくように教えてくれていたのです。

人間の行為や言葉の何が正しく、何が間違っているのか、それはすべての人間に宿っている神様の心、つまり良心が教えてくれる。どんなにつらくても、その良心の声に耳を傾け、それに従って生きていきなさい、たとえ現実的に損をしたとしても、それは神様にとって、そしておまえ自身にとって正しい選択なのだという教えは、今でも私の中に残っています。

だいたい15歳くらいまでに、何か物事を判断する時、選択する時は「それは神様の教えに反しているか、反していないか」ということが基準なのだという意識は、両親や祖父母からしっかりと教えられ、受け継がれています。

　このような考え自体は、イスラムであれキリスト教であれ、また日本の仏教や神道であれ、おそらく共通するものではないでしょうか。少なくとも私にはそう思えます。私が日本に来て神社やお寺に行けば素直に手を合わせたりしているのを、イスラムとして不思議ではないか、いけないのではないかと思う人もいるようです。

　でも私の住むこの日本で伝統的に信仰されてきた教えや、それを象徴する寺社仏閣に、日本に住む者として敬意を表するのは当然のことだと思います。

　バーミヤンの遺跡を破壊したタリバン、歴史的建造物も芸術も破壊するＩＳのような行為は、私には全く理解できないし理解したくないです。

　これはウイグルという地域に、もともと仏教の伝統が長く根付いていたことも関係しているのかもしれません。11世紀から13世紀にかけてウイグルで成立していた天山ウイグル王国では、仏教、マニ教、キリスト教、そして自然崇拝など、あらゆる宗教が共存していましたが、その中で最も優勢だったのは仏教でした。

　地域によりイスラム化が進むのは時期に隔たりがありますが、11世紀にイスラム教が入ってくるまで、ウイグルではむしろ仏教文化が花開いていましたし、その遺産は今でも多く遺されています。

もともとシルクロードの交流地であり、あらゆるユーラシア民族が行き交うウイグルにおいては、たとえイスラム教が支配的になったといっても、他信仰を排除するような傾向はほとんどありませんでした。

様々な文化がもたらされてきたウイグルの地に住んできたウイグル人には、原理主義的にただ一つの価値観だけで社会を支配しようとする思考はとうていなじめないものです。私たちにとっての原理主義とは、本来のイスラムの教えに戻るということです。だからこそ、中国共産党の一党独裁にも、共産主義思想にもウイグル人は抵抗をしてきたのです。

このことを無視して、まるでイスラム教そのものに問題があるかのように語る人が日本にもいるようですが、当人の意思は別として、それは中国政府の「ウイグル人はテロリストだ」という主張を補完してしまう危険性があることは指摘しておきたいと思います。

そして、これは余計なことかもしれませんが、例えばアジアにおいて、このイスラムへの偏見は残念ながら、ミャンマーの民主化運動の中にすら見られるように思えます。私の誤解かもしれませんが、ミャンマーの各民族は軍事政権に対抗して戦っていますが、ミャンマー民主化運動や民族運動の一部にすら、イスラム系のロヒンギャ難民に対しての同情や支援の姿勢がやや弱いように見えてならないことがあります。

もちろん、そこにはイギリスの植民地政策など様々な歴史的経緯があることは理解しますし、ごく一部に過激なイスラム原理主義者も存在しているかもしれませんが、少なくとも現在難民化している彼らを保護すること、彼らへの弾圧や差別に反対することは、民主主義を主張する以上当然の原則のはずです。

イスラムの中に危険な勢力がいることは事実だとしても、それはキリスト教の中にも仏教の中にも過激な原理主義者や、カルト的な新興宗教も存在するのですから、決して信仰に対し偏見を持たないでほしいと思います。

妻と子を自由な世界へ連れていきたい

さて、こうして天安門事件以後、90年代になって次第に実感されたのは、中国人とウイグル人の間に確実に存在する格差と差別についてでした。子供の頃は一緒に遊んでいたウイグル人と中国人も、こうして高校、大学に進んでいく中で、ほぼ交流は無くなっていきます。

はっきり言いますが、当時そこまでは意識していませんでしたが、やはりウイグルの地は中国人の植民地であり、「自治区」というのは名ばかりです。自治ができない自治区です。結局私たちは、就職の面でも、それ以後の給与や出世においても、中国人の上には絶対に行けないことがだんだんわかってきます。

私が結婚し子供をもうけたことも人生を大きく変えました。

ウイグルにおける結婚は、以前は都市戸籍の男性は農村戸籍の女性と結婚することはできても、逆に、農村戸籍の男性と都市戸籍の女性との結婚は難しい面もありました。そして80年代くらいまでは、これはウイグルの昔の習慣だったと思いますが、同地域の、かつ生活水準も同じくらいの男女が結婚するのが普通のことでした。

これは正直前近代社会でまだ交通の便も悪かった時は、結婚相手は同じ村や町で探すのが当然とされていた時代の名残でしょう。

しかし、私も含め、大学に進学するような若者は、そこでいろいろな都市から来た男女と出会いますし、恋愛も自然に生まれるようになります。

私も恋愛結婚でした。男性のプロポーズを女性が受け、「仲介人」という人が男性に代わって相手方の家に伝えます。先にお話ししましたが、仲介人は、両家双方から信用され、また、地域社会でも尊敬されている名士が務め、その人が先方の家族に「お宅のお嬢さんをぜひこちらの男性に嫁がせて下さい」と頼みに行くことになります（仲介人が拒否した場合の結婚はとても難しくなります）。


現在ではこのような結婚の仕方は中国政府によって「封建的」として否定され、禁止されてしまいました。しかし、ウイグルの伝統の中では、結婚を家族や地域共同体全体で祝う、受け入れるというそれなりに意味のあるシステムだったのです。古いからといって、ウイグル人たちの意思を無視して、すべての伝統を頭ごなしに否定してしまうのも、中国政府の確実な文化抹殺政策ではないでしょうか。

結婚したのち、２０００年に子供が生まれました。この時私は日本に行くことを決断しました。その前にすでに日本に留学していた私の兄に連絡し、日本に留学したい旨を伝えました。

この時の私には、日本で政治的な活動をする意思があったわけではありません。まず、自分の妻と子供を、このウイグルの地より可能性のある自由な世界に連れていきたい、少なくとも中国人に差別されない世界に行き、そこで子供を育てたい。そんな気持ちで私は日本行きを決意しました。今思えば、この時の決断が私の人生における最も重要な選択となりました。

第2章　日本へ

いざ日本へ!

日本に来る時は、まず北京に1週間滞在してビザが下りるかどうかの期間になります。幸いにして私は10日後に許可をもらえました。その後飛行機のチケットを取るなど、だいたい2週間の北京滞在でした。幸い北京には母の親戚がいたのでゆったりと過ごすことができました。私にとっては初めての北京だったので当然観光にも歩きましたが、頭の中はこれから貧乏学生になるということで学校に行くことが最優先を自覚していましたね。

ウイグルにいる時は商売もしており、もちろんいい時も悪い時もありました。そのような経験があったので、日本での生活で使えるものを優先して持参しようと思っていました。もちろん親戚などへのお土産も持参しました。あれこれたくさん日本に持っていきました。

現在は世界中どこでも同じものが買えるので、わざわざ持ってくる必要はなくなりましたが、私が来た2001年頃はいろいろ持ってこなければいけないということでめちゃめちゃ荷物は多かったのです。

飛行機はANAでしたが、なぜかキャビンアテンダントが私ともう一人のウイグル人をビジネスクラスに案内したのです。飛行機に乗ったのも初めて、それもビジネスクラスに乗ってしまった！


日本へ来てまず兄の家に行き、すぐに学校の手続きをしました。２週間ぐらい兄の家にいましたが、その後兄が学校近くでの新聞配達の仕事があると教えてくれました。住む場所は新聞屋が提供してくれたのでありがたかったです。

そこから学校も始まり正式に日本での生活が始まりました。

初めての電車で乗り間違えて目的の駅を通り過ぎ、初日に学校に遅刻したのは今になると良い思い出になっています。ウイグルから来ると日本の電車は路線も多く、初めてでは迷う人も多いのではないでしょうか。幸い私は中国語を勉強していたので、乗り越してもすぐに駅の漢字を見て戻れたので学校へたどり着きましたが。

日本に来て、最初に学んだのは、日本人の勤勉さでした。それも初めて日本で働いた新聞屋さん。そこで働く皆さんの仕事に対する真面目さと厳しさを実感しました。

慣れない間は簡単にやればいいじゃないかというのが故郷でのやり方でした。

しかし「郷に入れば郷に従え」で私の頭の中にはしっかりと仕事で守るべきことがインプットされました。

新聞配達は1日2回、深夜2時半に新聞屋に行かねばなりません。食事は自炊でした。これはやむなき事情があり、店に入ってもはじめは何が食べられて、何が食べられないか全然わからなかったからです。

日本語もそれほど読めなかったし、平仮名は少し読めるけど単語の意味がわからない。そういう大変な時期でもあったのですが、そんな中でも毎日の生活には充実感がありました。

最初の頃は、「ああ、仕事が大変だなあ、ウイグルならここまで頑張らなくてもいけたなあ」と考えたりもしていました。しかし、仕事をしていくうちに日本人でもあんなに頑張っているのに、よその国に来た私が生活のために頑張るのは当たり前じゃないかと、自分で自分を励まし新聞配達と日本語学校を両立させていました。

日本語学校では中国人が多かったです。もちろんウイグル人も6～7人いて、互いに日本語の上手さを競い、私もできるという環境の中で今思うとみんな頑張っていました。まさに切磋琢磨の日々であったと思います。

その後、コンピューターを学び技術職に就きましたが、その間も常に忘れなかったのは、来日の目的でもあった「自分の子供は自由の国で育てる」ということでした。初来日の時は家族滞在として連れてくることはできませんでした。

なぜなら学費を含め、あれこれと計算すると毎月の給料では家族を養うことはできないというのが、入国管理局の判断だったからです。その結果、家族と離れ離れに暮らさざるを得ず、つらい思いを味わった4年間でした。

就職するまで連れてこられなかったのですが、家族を連れてくるための唯一の課題は早めに日本語学校を出た後、どういう道を選ぶかでした。先輩や私の兄に相談した結果、その頃はコンピューターを使える人が必要になっていた時期でしたので、私もその道に進むことになったのです。

こうして私の日本での生活は技術者として始まり、家族とも再会して同居し、動き出したのでした。

支えとなった日本の先生たち

私がこの本を書くにあたって、どうしても読者の皆さんに、深い感謝とともにご紹介したい人がいます。日本に来て出会い、最もお世話になった、殿岡昭郎先生のことです。

殿岡先生のことを書く前には、やはり日本におけるウイグル運動の始まりのことを書いておかなければならないでしょう。

本書は運動についての本ではありませんが、初期の運動とそれに協力してくれた方々のことは今ではご存じの方も少ないですし、また、ネットなどではそれぞれの立場からの主観的な報告が多いようにも思いますので、できるだけ簡潔に書いておくことにします。

私は２００１年に日本に留学し、新聞配達をしながらＩＴの勉強をしました。のちにウイグル問題でとてもお世話になった下村博文先生も新聞配達をしながら勉強されたとのことですが、私もその後輩だったと思うと少し誇らしい気もします。

卒業後はコンピューター関係の企業に勤めました。正直なところこの時点では、ウイグル運動をしようという意識はほとんどなかったです。ただ、日本で生活の基盤を作り、家庭を守ることが自分の目的のすべてでした。

来日する前から、日本では留学生を応援してくれる人がいるという話は聞いていました。日本に来てすぐに先輩のウイグル人たちに紹介されたのが、シルクロードクラブという団体を作って、私たちウイグル人留学生と交流し、支援されておられる白石念舟先生でした。

シルクロードクラブは、政治的な運動は避けていましたが、ウイグル人の文化や歴史、医学などについての研究をしていて、ウイグル人のお祭りをしたり、日本の生活様式などを教えてくれたりと、とても有意義な活動をしている団体でした。

私たちは、中国にいる時は自由に文献を読んだり資料にあたったりすることはできませんから、日本に来て初めて、ウイグルの歴史や、シルクロードの文化、また中国共産党の客観的な歴史などを学ぶことができました。

私たちの間に民族意識や政治意識が高まってきたのは、確かにこの自由な日本に来てからですし、白石先生はその大きなきっかけを作ってくださった方でした。

そして白石先生は、茶道や書道にも詳しく、私はお茶の飲み方を先生から教わりました。白石先生はがんで亡くなりましたが、生前に収集されていた掛け軸を『勤皇の系譜　書による心の世界』（高木書房）という一冊の本にまとめています。様々な著名人の書をじっくり、心を静めて見ていると、すうっとその書の世界、それを書いた人間の心の中に入っていくのだ、と白石先生が語っていたのを覚えています。


殿岡昭郎先生と初めて会ったのも、２００６年頃、白石先生のご紹介だったと思います。

その時もすでに殿岡先生は、南モンゴルやチベットの支援をしていて、ウイグルの亡命政府を応援していました。ウイグル、モンゴル、チベット三民族が団結して中国共産党と戦わねばならない、ということを語っておられました。

これは当時としてはとても先駆的な発想だったと思います。私も「三民族」という概念を認識したのはこの頃が初めてでした。

２００７年、当時世界ウイグル会議総裁だったラビア・カーディル女史が来日講演を行ったのが、日本でのウイグル運動の始まりでした。

ラビアさんの講演会に参加してくださった日本人がウイグルにおける人権問題や民族弾圧に関心を持ってくださり、支援運動の組織を作ろうという意識が高まってきました。

このラビアさん招請に力を尽くされ、また当時様々な媒体でウイグルの問題を訴えていたのは水谷尚子先生でした。

水谷先生と私が初めてお会いしたのはラビアさん来日の際、白石さんが主宰した食事会でのことでした。水谷先生は、中国留学時に出会ったウイグル人との思い出や、ウイグルの歴史や文化についてとても詳しく語ってくれました。

そして、ラビアさんを迎えた日本在住のウイグル人の中で、日本でもウイグルの運動団体を作らねばならないという話がまとまってきて、そして白石先生もその必要性を強く説かれました。世界ウイグル会議もそれをサポートすることになりました。2月、3月あたりまでは、白石先生のもとで、私を含め数人のウイグル人が集まって会議を持続していましたが、その前後に、私は「中国民族問題研究」というミニコミを発行していた殿岡昭郎さんと出会うことになります。

そして、何よりも大きなきっかけになったのは、この年の4月、長野での北京オリンピック聖火リレーへの抗議行動が起きたことです。

チベット支援者とともに、ネットでの呼びかけに応じて、たくさんの日本人が党派を超えて長野に集まり、「平和の祭典」であるはずのオリンピックを、チベットを弾圧している中国の首都で行うべきではないという抗議の声を上げました。

しかし、それに対抗し、中国政府は全国の留学生を（おそらくは）強制的に動員し、抗議をさせまいと赤い旗とオリンピック旗を持たせて長野に送り込んできました。

私は長野駅前の抗議行動に参加し、まさに街を埋め尽くした中国人留学生の姿を目の当たりにしました。ウイグルこと、東トルキスタンの旗を持ってきてくれたのは、ほとんど日本人でしたが、その時に約30本もの旗が大空にはためいた風景を、私は今も忘れることができません。

私がウイグル運動をしようと本当に決断したのは、やはりあの時だったかもしれません。

殿岡さんも、この本の制作に携わってくれた三浦小太郎さん（当時殿岡先生とともに機関誌を発行していました）も、長野の現場には来られていましたし、殿岡さんは、後述しますが、ご縁の深いベトナム革新党の活動家たち（ベトナム難民からなるベトナム革新党）と、南モンゴル（内モンゴル）の、当時は自由連盟党を結成していたオルホノド・ダイチン（現在南モンゴルクリルタイ幹事長）らモンゴルの人たちも連れてきてくれました。

この時がモンゴル、ウイグル、チベット三民族連帯の抗議行動の始まりだったとも言えます。

この年、私は、ウイグルの現実について、初めて人前で話す機会を持つことになりました。殿岡昭郎事務所主催の講演会で、そこで司会をされたのが、それ以後ずっとウイグル運動に関わってくださった三浦さんです。

もう何を語ったかもよく覚えてはいないのですが、少なくとも、私としては精いっぱい、ウイグル民族がいかに差別され、弾圧されているかを語りました。この時が、私が本名で公的な場に出て、ウイグルのことを訴えた最初でした。

しかしこの頃から、水谷先生はウイグル運動から距離を取るようになりました。先生の考えでは、ウイグル運動が露骨に反中国的な姿勢を取ることは政治的にもよいことではない、また、支援者が反中国の保守派、右派を中心になっていくことは、日本での広がりにマイナスになるなど、当時の運動の展開には批判的だったようでした。

それでも、たとえ意見は違ったとしても、水谷先生のいくつもの論考は、日本でウイグル問題を知らしめる大きな業績があったと思います。

私たちの運動とは距離ができましたが、今もアムネスティなどを通じて、派手な形ではありませんが、ウイグルの人権問題を強制収容所中心に水谷先生の立場から訴えてくださっていることには深く感謝しています。

日本ウイグル協会の立ち上げ

その後、２００８年６月、日本ウイグル協会を立ち上げようということが決まりました。たしか10人近くのウイグル人が集まっていたと思いますが、残念ながら当時は、自分の名前も顔も公開して運動しようというウイグル人はほとんどいませんでした。

当時世界ウイグル会議副総裁だったセイット・トムトルコ氏が来日して会議を重ね、責任を持って運動を行う、顔も名前もすべて公開するという決意で、私が日本ウイグル協会の会長となることが決まりました。

この時のことはそれぞれ言い分があると思いますが、当時協会結成のために打ち合わせをしていた他のウイグルの人たちは、その時点でいったん会を去っていきました。私は、何よりも、自分の名前を出すことにより、責任を持って公の場で言論活動や政治行動をすることが協会の幹部の最低限の責任だと思っていましたし、まず、その原則を果たさなければ日本人に支援を訴えることはできないという信念がありました。

日本ウイグル協会ができてから、殿岡先生はしばしば協会を訪れてくれるようになりました。もう一人、今は独自の運動をされていますが上薗さんという社会運動経験の豊富な方も参加され、日本での運動のやり方、宣伝方法などについて様々なことを教えてくださいました。

白石先生は、もちろんウイグルの運動を支援はするけれど、シルクロードクラブはあくまで民間の文化運動なので直接政治に関わることはできないとのことで「イリハム応援団」という民間の組織を別に作り、そこでお金を集めるなどの経済的支援を提案してくださいました。

これはとてもありがたいことだったのですが、同時にやはりこのような私的な組織で寄付を集めるのは、将来的に誤解が生じるのではないかと思い、日本ウイグル協会をＮＰＯ法人化し、そこで寄付を集める形に移行しました。

２００９年、日本ウイグル協会はＮＰＯ法人として東京都に認定されました。

昔を美化するわけではありませんが、この時期に応援してくださった日本人の人たちは、今は運動から離れた方も多いのですが、皆、本当に純粋な人たちだったし、彼らがいたからこそ日本ウイグル協会は成立し活動を持続してこられたと思います。

そして、白石先生と殿岡先生の違いがあるとしたら、白石先生は、長くウイグル人と付き合ってきて、私たちの性格をよく理解していたのですが、殿岡先生の場合、ウイグル人の個性は個性として、ここは日本なのだから、まず、日本の多数派の感覚ややり方を、いい悪いではなくとりあえず理解しなければならない、それに合わせなければ大きな運動にはならないということを教えてくださいました。

当時の日本ウイグル協会は白石先生の借りていたアパートを事務所にしていたので、そこで白石先生が得意な料理を作りながら、殿岡さんをはじめ、日本人支援者を含め夜遅くまで何度も語り合いました。

デモや集会の届けや準備など、日本ではここまで法律に則って、きちんと事務的に行われていることを知り、とても勉強になりました。

私は協会の会長を引き受けた以上、自分の生活は24時間運動にささげようと決意していましたから、殿岡さんの紹介してくださったご友人の経営する神奈川県のアパートに引っ越しました。その方も親切で、家賃なども配慮くださり、私が運動に専念できるよう気を配ってくれました。日本ウイグル協会の初期運動を支えてくれたのは、こうした多くの日本人の善意でした。

ある時期から、殿岡先生は、自分から私のところに連絡を取ることはしなくなりました。私自身は、殿岡先生と関係を断とうとしたことは一度もありません。

ただ、殿岡先生が運動の手を広げすぎて、ウイグル運動とは関係のないいくつもの団体との付き合いに問題があるという話が伝わってきたことは事実です。

しかし、私は、明らかに法律上問題があるようなことでない限り、これほどお世話になった人を自分から関係を断つことはできないと言ってきました。

2012年に世界ウイグル会議が日本で開催された時も、本当は真っ先に会場でスピーチをしていただくべき殿岡先生は、全く訪れてくれることはありませんでした。先生は、こうして自分から身を引くこともできる方でした。

殿岡先生は、運動をいかに大きくするか、そのためには資金と組織をどうすればいいか、そのことを常に考えてくださいました。

その過程で、いくつかのトラブルを起こしてしまったというお話も聞いたことはあります。宗教団体や政治団体との付き合いでいくつかの噂を聞いたこともあります。殿岡先生を利用した人たちもいたとのことです。

これだけは断言しますが、殿岡先生は、自分のために行動したことは一度もありませんでした。

仮にお金を集めようとしたとしても、それは自分のためではなく、直接関係があるわけでもない、私たち他民族の運動のためでした。見返りを求めたことも、恩着せがましいことも、少なくとも私には一度もありません。

運動の中で誤解や非難を受けた時も、それにあえて反論して混乱を広げたり、他者を攻撃することも控えました。

少なくとも、私の出会った日本人の中で、最も人格的に優れた方だったことは何度でも強調しておきたいと思います。

殿岡先生に最後にお会いしたのは２０１５年頃です。

そこでもウイグル運動について、日本の在り方についていろいろと教えていただきましたが、「もう一度お会いしたい、これまでの御礼を伝え、将来のことを話し合いたい」というのが私の正直な気持ちです。

殿岡先生の功績について、日本ではあまりにも知られていません。これは私なりに後知恵で学んだことではありますが、先生の活動について、私が聞かされて印象的だったことを紹介させていただきます。

殿岡先生のこと

殿岡先生は、１９６０年代、70年代の、左翼全盛時代に、保守派の立場（正確には民主社会主義の立場）から、左翼側の様々な宣伝、特にベトナム戦争における宣伝に対し対抗言論を行ってきた人でした。

基本的に、殿岡先生は共産主義に反対する立場ですから、南ベトナムに同情的でしたが、それだけではありません。

当時の日本の知識人やマスコミの、「北ベトナムの共産主義政権は民族独立を目指す正義の政権で、南ベトナムはアメリカの傀儡の独裁政権であり、しかも腐敗堕落している」という一方的な報道に、殿岡先生は常に反論し、それは北ベトナムからも共産主義を嫌って南に逃れてきた人たちが多く存在すること、南ベトナム政権は確かに問題はあるが、北ベトナムは南をはるかに上回る自由のない共産党独裁であること、しかもその背後にはソ連や中国の支援があることを巧みに隠していることなどを冷静に説くものでした。

ベトナム戦争は結局北ベトナムの勝利により、共産主義政権による統一ベトナムが生まれます。これが本当に民族自決の正しい政権であれば、そこから大量の難民がボートピープルとして南シナ海に命懸けで逃れるなどという事態が起きるはずはありませんでした。

このベトナム戦争の時、北ベトナムの側や、南ベトナムの共産ゲリラの側に同情的だったジャーナリストで、中国共産党にもシンパシーを持っていた本多勝一氏と、17年近い裁判を行って勝利したのも殿岡先生でした。

殿岡先生は『諸君!』という文藝春秋の雑誌に「今こそ『ベトナムに平和を』」(1981年5月号)を発表して、本多氏が、統一後のベトナムで宗教弾圧に抗議して自殺した

12人の仏教僧の事件を、共産政権側の「『愛国仏教会』におけるこの事件は政治問題ではなく、性的スキャンダルによるある種の心中だ」という発表をそのまま紹介したことを批判しました。

殿岡先生は、本多氏が「本多記者は現場に行かず、行けずに、この12人の僧侶の運命について政府御用達の仏教団体の公式発表を活字にしている」「もちろん逃げ道は用意されている。本多記者はこの部分をすべて伝聞で書いている。彼自身のコメントはいっさい避けている。なんともなげやりな書き方ではないか」と批判し、ジャーナリストとして失格だと述べられたのでした。本多氏は殿岡先生と『諸君！』を訴え、最高裁まで争いましたが、結局、裁判は殿岡先生の勝利に終わりました。

殿岡先生は、私たちウイグルを支援してくれたように、共産主義政権の弾圧から自由を求めて難民となった人たちへの深い共感と同情がある人でした。正直、日本人に限りませんが、共産主義に反対の保守派の人たちの中には、難民や移民に対して冷淡な人が多いように見えます。殿岡さんはそういう方ではなく、難民の救援に生涯をささげていました。

そしてこの時期、ホアン・コ・ミンという元南ベトナム軍人を支援し、ベトナム革新党という共産主義に反対し自由を求める政党結成を実現することに積極的に協力したのも殿岡先生でした。

ホアン・コ・ミンはタイ政府と交渉して、ラオスとの国境付近に拠点を作り、ベトナム国内にも民主化の基地を作ることを目指していました。殿岡先生もタイの難民キャンプで活動しつつ、ベトナム民主化のための活動を支援しようとしました。ホアン・コ・ミンはベトナム国内の情報を聴取しつつ、難民の中で戦う意思のある人たちを組織化しようとしました。

しかし、結局自由社会からの支援はほとんどありませんでしたし、タイ政府も、このような政治活動を最後には認めませんでした。

殿岡先生はあまり詳しくは語りませんでしたが、多くの国々や様々な組織に、ベトナム難民の自由のための戦いを応援することを呼びかけたようです。

にもかかわらず孤立し、タイ政府からの支援も得られない状況下、１９８７年、ホアン・コ・ミンは同志たちとともにラオスを通ってベトナム国内に入り直接共産主義政権と戦おうとし、待ち伏せ攻撃を受けて全滅しました。ホアン・コ・ミンの遺影は、裏切り者として今もホーチミン市の戦争博物館にさらされているようです。

ドン・キホーテのような行為かもしれませんが、私はもの静かに、決して自分の行為をいばらず、美化もせず、自分は失敗者だった、ただ、ホアン・コ・ミンたちは、敗れはしたが軍人として本望だったと思う、と語る殿岡先生の声が今も聞こえるような気がします。

殿岡先生は、今は存在しない民社党の関係者でした。拉致問題に真摯に取り組んでいる荒木和博先生、このホアン・コ・ミンの貴重な映像記録を編集した稲川和男先生など、民社関係の人たちはいつもウイグル問題にも関心を持ってくれていますし、また協力もしてくださいます。

そして、私は共産主義とは別に、民主社会主義という考えがあることを日本に来て初めて知りました。これは民社党で長く機関誌の編集を務められた中村信一郎先生に学んだことです。

資本主義を暴力的に否定するのではなく、自由な社会を守り、市場経済を認めた上で、労働者の権利を守り、そして福祉を充実させて社会的弱者を救う。民族差別や全体主義に反対し、共産主義に限らずあらゆる独裁や強権に反対する。階級闘争といった極端な考えは否定するが、同時に、不当な格差や搾取にも反対する。

このような考えは、今、私が一番共感するものです。ウイグルも独立後は、このような民主社会主義の考えに沿った社会を作らなければならないはずです。

最後に、殿岡先生の講演での言葉を一部、記憶に従って記録しておきます。

「私は40代の頃、タイ国境の難民キャンプを訪れました。そこには、ベトナム戦争で共産主義勢力に国を追われたベトナムやラオス、カンボジアなどの人々がたくさんいました。キャンプは、国連や地元の軍隊が警護し、食料や物資などの人道支援もありましたが、それは日中の話。夜には、公然と食料や金品の強奪、物資の横流し、麻薬、人身売買、強姦が行われていました。加害者の多くが昼間は警護をしている警察や軍隊でした」

「国が滅びることは、どれだけつらいか。国民はどれだけ苦しむかということを嫌というほど思い知らされました。今、多くの日本人は、国家の大切さを認識せず、〈ボーダレス経済〉と言って、商売さえ上手くいけば国家なんて関係ないという風潮があります」

「でも、現実は国家単位で政治が行われ、国家がなければ政治に参加することも、自分たちの意思を反映することもできません。今、国を奪われたウイグル、チベット、南モンゴルの人たちが、声を枯らして〈自分たちの国が欲しい〉と叫ぶ意味を、日本人はもっと真剣に受け止めるべきでしょう」

念願の世界ウイグル会議

日本ウイグル協会結成後、最も大きなイベントとなったのは、やはり2012年5月14日から17日まで行われた、第4回世界ウイグル会議代表大会の日本開催でした。正直、協会ができてからまだ日が浅く、ウイグル人で活動に参加する人はほとんどいない状況の中、組織的にも経済力の面でも荷の重いイベントだったことは確かです。

しかし私としては、この大会はどうしても日本で開催したいとずっと思ってきましたので、無理を覚悟の上で開催を引き受けました。会員の皆さんも、いろいろと議論はありましたが、最後には賛同し、本当に知恵も力も、すべてをウイグルのために出してくださったことに、私は生涯感謝の念を忘れることはありません。

日本での開催にこだわった理由は、まず、私たちウイグル人の多くが、日本に対し特別な感情を持っていることです。それは日本のアニメ（私が最も好きだったのは一休さんでしたが）に子供の頃から親しんでいます。子供の頃、中国で日本軍と中国軍の戦争の映画などを見せられても、そこでは必ず正義の中国軍が悪魔のような日本軍に勝利するように描かれているのですが、ほんの一時でも日本軍が優勢になると、自分を含めウイグルの子供たちは何ともいえず喜んだものでした。

また、日本に留学して進んだ学問や技術を学び、そしてウイグルに戻ってきた青年たちがウイグルで重要な仕事についていることもあります。

ウイグルや諸民族の歴史を研究している人類学者などの論考を読むと、ウイグルも、トルコも、日本も、皆モンゴル高原にそのルーツを持つ民族です。

その一つの証拠として蒙古斑というのがこれらの民族の子供には現れていますし、言語構造が根本的に似通っているウラル・アルタイ系の言語であることから、ウイグル人は日本語を学びやすいのです。

そしてより重要なのは、日本とウイグルの歴史的関係であり、また、このウイグル運動は何よりもアジアに大きな拠点を持たねばならないからです。この二点、特に前者については次章でも詳しく述べますが、確かに、世界の自由と民主主義を守り、発展させていく上で、アメリカや欧州の力はとても大きなものでしょう。

しかし、アメリカは9・11テロ事件の際、イスラム原理主義が敵であるという観点から、中国政府のウイグル弾圧（中国政府は、東トルキスタン・イスラム党という巨大なテロ組織が存在しているかのように宣伝し、ウイグル人弾圧を「テロとの戦い」と正当化しました）を看過してしまった事実があります。

また、現在のアフガニスタンにおける民主政府の崩壊とタリバン政権の復活に見られるように、アジアの現状も、様々な複雑な民族の構図に無理解のまま、ただ民主主義の制度だけを、悪く言えば押し付けてしまうこともあります。アメリカや西欧の高い人権意識には敬意を表しつつ、私はアジアの問題は、アジアで最も古くから近代化と民主化を実現してきた日本を拠点にした運動であるべきだと考えてきました。

そして、日本での世界ウイグル会議代表大会の開催は、海外からのすべてのウイグル人参加者に深い感動を与えました。それまでもこの大会は世界各国で行われてきましたが、ほとんどはその主催国に住むウイグル人が中心になって行われてきました。

しかしここ日本では、ほとんどの運営が日本人ボランティアとスタッフによって行われたのです。そして、日本のスタッフの緻密でルールをきちんと守った会議運営のやり方は、これまでのウイグル運動に欠けていたものを多く考えさせられました。

具体的にいうと、直接関係のない日本人が、空港への出迎え、道案内、その他なぜここまで細やかな気遣いをしつつこの会議に協力してくれるのだろうとウイグル人参加者は皆感動していました。

もちろん、ここには日本国民の人権意識の高さ、そして仕事の丁寧さや礼儀正しさもありますが、何よりも、日本人が単にウイグルへの同情ではなく、中国の覇権主義への脅威を深く自覚し、ウイグル問題に取り組むことは、日本そのものを守ることだという高い意識を持っていることが伝わったのです。

そして、最も大きな政治的効果は、世界ウイグル会議代表大会の開会式が日本の憲政記念館で開催できたことでした。

中国政府は、当時の世界ウイグル会議総裁のラビア・カーディル氏をテロリストと呼び、世界のウイグル人団体の連帯組織である世界ウイグル会議自体もテロ組織であるかのように語っていましたが、この時に結成された日本の国会議員、地方議員の先生方による議員連盟のお力で、大会が衆議院管轄の憲政会館という場で開催されたことは、アジアの自由民主主義国日本が「ウイグル運動は合法的なものでありテロとは無縁だ」と宣言してくれたことに等しい。

このことはウイグル運動の、特にアジアにおける大きな転換をもたらしたはずですし、議員連盟の皆様には深く感謝しています。

実はこのウイグル会議代表大会で、ラビア総裁はじめ参加者が靖國神社を訪問し、その後、東トルキスタン共和国亡命者が葬られている多磨霊園にも訪れたことに対し、中国は歴史問題を持ち出して批判し、一部の支援者からも、政治的に誤解されるのではないかという危惧の声が上がったことは事実です。しかし、元々ウイグル人の習慣として、他人の家を訪問する際にはその家のお墓参りをします。

靖國神社への思い

歴史問題には私は立ち入りませんが、靖國神社とは日本国のために命を捧げた方々が祀られているところですし、多くの日本国民や政治家の協力により、世界ウイグル会議代表大会を開催できたのだから、その日本国の英雄たちに敬意を表するのは当たり前のことだと考えていました。

そして、参加者たちは、身分の差も貧富の差も関係なく、国のために命を捧げた人は皆同じように祀られているところだったと語っていました。

日本国民にも靖國神社に批判的なご意見の方がおられることは知っています。

しかし理解してほしいのは、自分たちウイグル人は、ウイグルのために戦った人たちを祀るところはどこにもないということです。

私たちは靖國神社や護国神社などに行くと、改めて、国を失った自分たちの立場を突きつけられます。アメリカで世界ウイグル会議が開催された時、参加者はアーリントン墓地に敬意を表しました。それと基本的に同じことをしただけなのです。

少なくとも私たちは、中国政府から何かを言われる筋合いはありません。中国政府は私たちの行為を、明らかに政治的意図があった、戦争の被害者である中国人の心を傷つけたと述べたようですが、では、靖國神社にこれまで訪れた外国人はすべて政治的意図があったのでしょうか。

中国が現実にウイグルを支配し、わが民族を弾圧していることに対して私たちが心から傷ついていることはどう思うのかを問いたいと、私は当時も述べましたし、今も全く意見は変わりません。

この会議で、私は副総裁に就任し、日本やアジアでの運動に責任を持つことになりました。また、ラビア氏は総裁に再任され、櫻井よし子先生とのシンポジウムでは、中国の脅威にさらされている尖閣諸島の問題について、当時、石原慎太郎知事が尖閣基金を呼びかけていたのですが、そこにわずかですが寄付することもできました。

この時ラビア氏は、「もしも自分たちの祖国が土地を買うことで取り戻せるのなら、私たちは世界中の人たちの善意の基金で買い戻してほしい」と訴えましたが、この発言も含めて、ラビア氏はアメリカなどでは控えていた独立や民族自決権への意思をかなり明確に示すこともできました。これも、日本開催の意義だったはずです。

しかし、この大会の成功は、同時に中国国内での弾圧の強化をもたらしたことも悲しい事実でした。大会に参加した日本在住ウイグル人たちは、ほぼ全員、中国国内にいるすべての家族、友人に、中国政府から酷い脅迫があったようです。

私自身も、この後に故郷の母親に電話したところ、これまでとは全く違う対応でした。母は、ただ一言挨拶をしただけで、あとは何もしゃべろうとしませんでした。これ以後、私は家族と連絡がきちんと取れたことはありません。

また、私が無理に連絡すれば、家族の身にも危険が及ぶでしょう。このまま行けば、私は両親が亡くなった時も、看取ることもできません。

とんでもない親不孝者になってしまうのですが、それも、もう後戻りはできない道です。私には息子と娘がいますが、二人とも、ウイグルという故郷を訪れることは、しばらくの間は難しいでしょう。

故郷を失うということがどのような気持ちか、これは日本の皆さんにはなかなかわかりにくいかもしれませんが、今も、生活や運動の悩みよりずっと重いのは、故郷と家族から切り離されたことです。

そしてこの時期、ウイグル地域全体で、違法宗教活動への取り締まりキャンペーンというのが繰り広げられ、大会が終わってすぐの5月20日、12歳の少年が、中国政府のいう違法な宗教指導者のもとで勉強したというので逮捕され、翌日、遺体で母親に返されたという知らせが入りました。

その少年の遺体は、中国警察の側は自殺だと言っていますが、全身に拷問の痕のような内出血があり、首には絞められた痕があったといいます。

それなのに、警察は母親に対し、この自殺という発表に一切抗議しないという誓約書を書かせ、その後は何ら葬式も上げさせずそのまま遺体を埋めてしまったのでした。

この事実が明るみに出たのは、サウジアラビアに住むこの少年の父が公開したからで、他にもこのような犠牲者とその家族がどれだけこの時に出たかはわかりません。

また、ラビア・カーディル氏がウイグルで成功した起業家だった時代、現地に建てたビルも壊され、今監視体制下にある彼女の三人の子供たちも、眠ることも数日間許さないような尋問の後に、さらに環境の厳しい刑務所に移されました。

しかし、このような弾圧の強化は、やがて多くのウイグル難民を生み出すことになります。私がこの大会以後取り組むようになったのは、このウイグル難民の救援活動でした。

ウイグル難民

私が東南アジアのウイグル難民救援活動を始めたのは、2012年頃からでした。実はこの活動は、現在でもオープンにできない情報がほとんどです。

ここでも差しさわりのない範囲で、かつ、当時の講演会でも語った内容を前提にお話しします。

ウイグルの難民、あるいは亡命者の歴史は、古代までさかのぼると、8世紀頃、キルギスという集団に敗れてモンゴル高原から西へ、つまり今の地域に移動したという話につながるのですが、現代になると、清の時代から1930年代の前までは、集団的に移動（亡命）することという行為はウイグル地域においてはありませんでした。

20世紀になると、1933年11月12日に東トルキスタンイスラム共和国が独立しました。ウイグル人の独立国がここに生まれたのですが、残念ながら、この国は短命で、1934年6月末から7月にかけて滅ぼされます。

そして、今のウイグル地域の東トルキスタンの南方のアクス、カシュガル、ホータン、アトシュの4つの地域から、多くの知識人、富裕層、軍人、政治家たちが、国民党の報復を恐れ、集団的に第1回目の大規模な亡命生活を始めます。

ただ、この頃の亡命者は、まずインドのカシミール地方に移動しました。

当時のカシミールは独立した王国として存在していたのですが、そこから亡命者の一部分はアフガニスタンに行き、一部の人はいろいろなルートを使ってサウジアラビアに行きました。これが最初のウイグル難民の形成の状態で、移動するルートでした。

この時に移動した人たちは1000〜2000人規模で、政治家、軍人、富裕層、有名人、知識人たち、ある意味ネットワークのある人たちだけが亡命したのです。

1944年、東トルキスタン共和国が独立を果たしますが、これも、残念なことに1949年には崩壊します（この問題は次章で詳しく述べます）。

この時、東トルキスタン共和国政府関係者、またそれを支援してきた富裕層、知識層はやはりカシミール地方からインドに向かいました。

インド政府は、その時はウイグル人の亡命を受け入れていました。その後数年して、彼らの多くは、自分たちの文化に近い地域を求めて、トルコ政府と接触してトルコに亡命します。当時、トルコ政府は彼らを受け入れましたが、この時も100人前後の人たちはさらにサウジアラビアに向かいました。

これによってウイグルのエリート集団のコミュニティがサウジにできたので、今もウイグル系3世の人たちが1000人近く、かなり高いレベルの生活を送っているといわれます。また、トルコに定着したウイグル人たちはその地で亡命組織を作って独立運動を始め、現在の世界ウイグル会議の基礎が作られていきました。

1955年、ウイグルの地は「新疆ウイグル自治区」となります。中国政府の弾圧は1960年代初頭まで一層激しくなり、1962年、約40万人のウイグル人が国外に脱出したといわれています。

中国で発表した数字が正しければ、当時500万人のウイグル人がいたということなので、その10分の1近い人間が亡命したという話です。その頃は旧ソ連が中国ともめていた時期なので、ソ連は、ラジオでさかんに、ウイグル人は全員ロシアに亡命するように呼び掛けていたと、私は家族に聞いたことがあります。

ここで少し言っておきますと、中ソ対立と文化大革命の時代だった60年代から70年代にかけて、中国政府はウイグルもソ連との戦場になる可能性を覚悟して、ウイグル人にも銃を渡し訓練をしていたと聞いています。

この時、もしこの武器を使い、場合によってはソ連を利用することまでできれば、ウイグル独立のチャンスは実はあったのかもしれません。文化大革命時代は中国政府も全国を統制することはとてもできませんでしたから。

私の家にも、この時代、戦争に備えて、防空壕のような地下室を自分たちで独自に作っていました。もしウイグルの地に独立のための地下組織があれば、この時代には成功の可能性もあったのかと思うと、今も時々残念に思います。

この時のウイグル難民は、例えば隣国カザフスタンにかなり逃れました。カザフであれ、アフガニスタンであれ、中央アジアの国々にはウイグル人が昔から住んでいますし、特にカザフスタンとウイグルは行き来が多いですから、難民は多くカザフスタンの昔の首都、アルマトイの周辺で生活していました。

1992年、旧ソ連の中のすべての自治共和国が独立した時、カザフ政府が最初に発表したウイグルの人口は89万人でした。それがなぜか1か月後には、データが間違っていたといって一気に50万人減の39万人になってしまいました。

その後もカザフ政府は、正確な数字を発表していませんので、今ではカザフスタンには100万人のウイグル人がいるらしい、いや、もっと多い、200万近いなど、いろいろな説があります。

ソ連崩壊後、中央アジアの国々が独立してから、ウイグル人の中でもわれわれにも独立するチャンスが来たんじゃないかという動きが強くなってきました。そして、政治活動も盛んになり、民間のクラスでも独立をしようという思想がウイグル地域で広まってきて、それにより、政府の取り締まりも厳しくなってきました。

そして、90年代に入ってからは、近隣のパキスタン、カザフスタン、キルギスタンといった地域に亡命する人が増えました。

もちろん、いろいろな国に出て行き、再びウイグル地域に戻ってきて独立のために貢献したいという人たちもいました。特に17～22歳の若者たちは何百人もアフガニスタンに行っています。彼らも一応、難民として逃げていったわけです。

最初、パキスタン以外の国々ではウイグル人の亡命者を親切に受け入れていましたが、その後、中国の経済的な攻勢が強くなり、それらの国に利益を与えるようになります。旧ソ連から離れて独立した当初はみんな貧しかったのですが、当時、中国はすでに改革開放後10年経っていましたから経済的には余裕があったため、その地域を経済的側面で自分の国に従わせるという動きが活発になってきました。

そして98年には、国連の高等弁務官事務所が亡命を認めて難民として認定した後にもかかわらず、まずカザフスタンから4人を中国に送還しました。また、パキスタンからも、難民認定された学生たち5名が送還されました。カザフスタンから送還された4名はわずか1カ月後に死刑となり、全員殺されています。パキスタンから送還された5名のうち3名は死刑にされ、2名はいまだに行方不明のままです。

中国では死刑の処刑場面は公開され、見せしめの意図から多くの人の前で銃殺されています。

このような状況は今も続き、国連から難民認定されたはずの人がしばしば中国に強制送還されていきました。

そして、もう一つの大きな事件が、2009年7月5日のウルムチ事件です。

ご存じのように、この年の6月、中国内陸部の玩具工場でウイグル人労働者が中国人の暴徒に殺害される事件が起きました。

しかし、加害者たちは全く罰せられず、それに抗議する平和的なデモがウルムチで起きると、武装警察が弾圧、さらには、ウイグルの地に住む中国人が暴徒化してウイグル人たちを虐殺したのがウルムチ事件です。

この事件以後、ウイグルの地は、本来そこに住んでいたウイグル人にとって、むき出しの暴力的抑圧が日常的に行われる場所となりました。ウルムチ事件以降、今まで全世界に亡命したウイグル人はおそらく数万人に上ります。

ここからはあいまいな記述しかできないのですが、２０１２年以後、私は彼らを、東南アジア各国で出会い、現地でボランティア活動をしている日本人をはじめ、タイ人、ミャンマー人、インドネシア人など多くの人たちと連携して救援活動を行いました。何よりも彼らは、自分たちを「トルコ人」としかいいませんし、本名も含めて、私たち救援者にも最初はまず真実を語りません。とにかく「トルコ人だ」と言い続けて、トルコに行く希望を述べるだけです。

悲惨だったのは、難民が隠れ住む狭くて汚れた村々の家で、多くの子供たちが感染症や皮膚病になっていることでした。私も何とか薬などを支援したのですが、病気で亡くなってしまう子供もいました。助けるためには、彼らが難民であることを証明しなければなりませんから、国外脱出の理由や経緯を話してくれといっても、つらく厳しい経験を思い出したくないという人がほとんどでした。

また、自分が話すことにより、ウイグルに残してきた家族や親戚に迷惑をかけたくないということがあり、なかなか聞き取り調査もできません。

難民を利用した中国の謀略

一方で別の問題もありました。ウイグル難民の中には、正直、一部ですが、これまでウイグルには全くなかったイスラム原理主義的な考えを持つ人がいたのです。これは、中国政府の謀略もあったのではないかと考えています。

ウイグル民族の精神や、平和的なイスラムを説く宗教家や指導者はこの時期次々と逮捕されていましたが、民族主義ではなく、イスラム原理主義、当時のＩＳに近いような、あらゆる国家や民族を否定してイスラムの教えだけに戻るべきだというさらに過激な思想に対しては、なぜか中国政府は放置していたようでした。

難民の中には、この考えを受け入れて、東トルキスタンという国も否定する、その青い旗すら拒否し、ＩＳが掲げていたような黒い旗をたたえ、ウイグルではまず見られない真っ黒な服を着ようとする者もいました。

思想的に染まっている人もいたでしょうが、私は、彼ら難民を保護するといって、危険な思想を吹き込み、場合によっては、そのような過激なイスラムを信じるふりをすれば、トルコや中東で受け入れられやすいのだというふうに、間違った情報を伝えた難民ブローカーがいたのではないかと今では思っています。

私はそんな考えは間違っていることを説き、彼らの中には考えを変えてくれた人もいました。しかし、そのような過激な人たちも難民としてトルコに行き、そこから、一部ですが、シリア内戦などに義勇兵として参加した者も確かにいました。

繰り返しますが、このことについて中国政府はほぼ実態をつかんでいて、ウイグル人はISと同じだ、彼らは戦争をしたいのだ、テロリストだという宣伝に使ったのだと私は確信しています。そして、このことに誰が協力したのか、いつか突き止めねばならない。弱いもの、命の危険にさらされているものを利用し洗脳するような行為こそ、神も、人間も、絶対に許してはならないことです。

例えば中国雲南省から東南アジアに亡命する集団は、それ以前は、せいぜい3、4人で秘密のうちに隠れて、国境警備兵がいない時に国境を越えましたが、この時期は集団的で、100人単位で移動しています。その中には子供も年寄りもいますから、彼らだけでできるはずがありません。

2014年に、タイで380人のウイグル人が発見された事件が起きました。あんなに大きな集団が移動すると、いくら人がいないところでも見つからないわけがないのです。老人や子供もいる人間の集団ですから素早くは動けません。

2015年、タイ政府は、109人のウイグル人（男女合わせて）を中国に強制送還したと発表しました。しかし、おそらくはそれよりはるかに多く、女性も含めて送還されているはずです。

そして、強制送還と、トルコに送った難民の区別をどのようにつけたのか。これも謎です。タイの入国管理局では、最初の頃、中国大使館がこの亡命者について調査することを1度か2度は認めていますが、その後は禁止していますし、現地で活動してきた私は、そんなに簡単に難民が情報をしゃべるはずがないと思っています。

もちろんパスポートもないし、自分の正体がわかるようなものは何一つ彼らは持っていません。この時も、むしろ、危険な思想を持っている人をトルコに送った可能性も、私は疑いを捨てきれずにいます。

ウイグル人の中には、中国と戦いたいという意思を持った人たちもいます。私にも、そのような発想が皆無ではない。しかし、だからといってISのような過激な信仰を選び、テロを肯定してしまったら、私たちウイグル人を応援する国はなくなります。

トルコに行ったウイグル難民の中で、穏健な信仰を持つトルコ人やウイグル人と対立するような人たちが現れて、自分たちだけが真のイスラム教徒だと主張したらどうなるでしょう。

私はこの難民救援を通じて、素晴らしい救援者にも、また、今も忘れられない難民たちにもたくさん出会いました。しかし同時に、難民を利用するブローカーにも、難民を洗脳して自分たちの思想を押し付ける悪しき扇動者がいることもわかりました。

今は、ウイグルを脱出することも難しくなりましたので、この時期のような大量難民は存在しません。それでも、東南アジアにはまだウイグル難民が残されています。また、ウイグルを脱出してから何年経っても、安住の地を見いだせないウイグル人もいます。彼らは難民としても認められず、いつ逮捕されるかもわからない立場で各国をさまよっています。

この難民問題は決して終わった問題ではありませんし、また、いつどんなきっかけで、大量のウイグル難民が出現するかもわかりません。

その時こそ、彼らを救出できるよう、また、多くのウイグル人が住む日本にも迎え入れられるよう、私は今から準備をしておかねばならないと考えています。

第3章 ウイグルの歴史と文化

清の時代につけられた「新疆」という屈辱的な名前

前章までは、私の前半生を主として綴ってきました。

これは、中国共産党支配下で、おそらくウイグルが最も自由だった１９８０年代を、そこで少年時代を過ごした私の人生を通じて記し、かつ、おそらく当事者のウイグル人としては私しかいなかった時代の、日本でのウイグル運動の最初期のことを記録しておきたかったからです。

この章からは、ウイグルの歴史、文化、そして中国支配の根本である新疆建設兵団について述べていきます。本章ではウイグルの歴史、特に、現代の問題に関連の深い、現代史を中心に紹介します。

清帝国の時代、侵略によって「新疆」、つまり新たな植民地という屈辱的な名前とともに併合されたわが故郷ウイグルは、20世紀初頭、楊増新《ようぞうしん》の支配を受けていました。

当時、日清戦争に敗れ、欧米諸国からも干渉を受け、また辛亥革命後は軍閥が割拠し大混乱に陥っていた中国において、ウイグルの地を支配していました。

楊増新が優秀な政治家だったことは確かです。

楊は、当時の外モンゴル独立やロシア革命とそれに続く反革命軍との戦いなど、ウイグル周囲での激動の状況を巧みに外交術でかわし続けました。

ウイグル人内部にも、弾圧一辺倒ではなく、巧みに内部分裂を誘い、同時に徹底した監視体制を敷きました。

それは、あるドイツ人が「ウルムチからカシュガルにかけて、頭痛持ちの南京虫一匹たりとも、閣下の知らぬものはない」というほど徹底したものでした。

この楊が、1928年7月に暗殺され、彼の跡を継いだ金樹仁《きんじゅじん》は、より暴力的な支配を行います。特にウイグル人たちを激怒させたのは、彼の部下たちがウイグルの少女たちを無理やり妻にしようとしたことでした。

一方、楊暗殺後の政治的混乱の中、ウイグル人は何度も武装決起を試みました。1931年にはハミ、32年にはトルファンで決起が起き、同時に、回族馬仲英も反乱を起こしています。そして1933年11月12日、ついに「東トルキスタンイスラム共和国」が独立しました。

東トルキスタンイスラム共和国は、カシュガル、アクス、ヤルカンド、ホータンの各地域を支配下に置き、ホジャ・ニヤズ・ハジ、サビト・ダムッラ、ムハンマド・エミン・ボグラなどが指導者でした。特に、ムハンマド・エミン・ボクラは、アフガニスタンで日本の北田正元公使に連絡を取り、日本国に支援を求めています。

この東トルキスタンイスラム共和国は、ソ連、そして中国の軍閥を作った盛世才《せいせいさい》らによる弾圧で短命に終わってしまいますが、その後もボクラと日本の交渉は進み、1939年には、東トルキスタン・イスラム共和国の将軍、マフムート・ムフイティが仲間とともに来日し、東トルキスタン独立のための活動を海外で展開しようとしました。この中には日本で亡くなったウイグル人もおり、彼らの遺体は多磨霊園に葬られています。

世界ウイグル協会開催の際、私たちが靖國神社や、多磨霊園にお参りしたのは、このような歴史的背景があります。

ウイグル人が、第二次世界大戦における日本の立場について、意見を特に明らかにする意志はありません。

ただ、私たちが中国から独立し、また、ソ連からの圧力に対峙するために、日本に支援を求め期待したこと、それは歴史的事実です。

私たちが、独立運動の先輩たちに敬意を表し、あり得たかもしれない歴史に思いをはせることに対し、それを政治的文脈だけで決めつけてほしくはないと思います。

東トルキスタン共和国の独立と挫折

ウイグルを支配した盛世才は、政治的には親ソ政策を採り、同時に中華民国政権とは独立した勢力を築こうとしていました。

実際、ソ連もこの地域に親ソ政権ができれば中国に対して圧力をかけられるわけですから、経済的にも軍事的にも積極的な援助を行いました。多くのウイグル人、カザフ人がこの時期からソ連に留学していること、ソ連の影響の強いエリート層が作られていたことは、今後のウイグルの運命に大きな影響を及ぼすことになります。

しかし第二次世界大戦勃発、その後独ソ戦に至り、ソ連が当初のドイツの電撃戦の前に敗北の一歩手前まで追い詰められると、盛世才はただちにソ連を見捨て、それまではウイグルでの活動を許していた中国共産党員をも逮捕しました。

さらには外交官以外のソ連人を全員国外追放し、急遽姿勢を転換して蒋介石《しょうかいせき》の国民党との接近を図ります。

1943年1月から国民党の大軍が駐屯し、約10万人の兵士が新疆に駐留しますが、軍隊というのは生産をする機関ではありませんし、もともと経済的に豊かなわけではなく、農業、牧畜などの平和な生活を営んできた新疆にはあまりに重い経済的負担がかかるようになりました。

ウイグル人は、労役や調達に苦しみ、ソ連との貿易の停止がさらに経済に打撃を与えます。しかも、誇り高き遊牧民から1万頭もの軍馬を徴発するなどの、各民族の精神を踏みにじる行為が続発しました。

しかし、ここまでその時その時のマキャベリズムだけで同盟関係を変えるような政治家は結局信頼されないのですね。盛世才と国民党との間には次第に対立が生じ、国民党は軍事的圧力の元、結局1944年8月に盛を免職し、無理やり重慶に連れ去ります。

新疆がこのような政治的混乱の只中にあった時に、東トルキスタン独立への民衆運動、そして各国の干渉が起こったのでした。

1944年春から、ウイグルでは民衆が武装して決起、激しい戦いが始まりました。この戦いを背後で支援しつつ、この地域に支配力を強めようとしたのがスターリンのソ連です。蜂起軍には、ソ連の軍事顧問団が参加しており、またソ連は国内でウイグル人たちに軍事訓練や指導を行っていました。

同年11月12日、民衆軍はクルジャ地域全域を占拠、東トルキスタン独立共和国を宣言します。同時に、臨時政府は、ただちにソ連人軍事専門家を呼び、軍事的整備、政治機構の確立を急ぐとともに、1945年4月にはゲリラを正規軍に編成、45年9月には東トルキスタン全域を解放、東トルキスタン共和国が歴史に姿を表したのでした。

しかし、独立運動への流れはここから停滞します。独立軍は首都ウルムチ占拠への進撃を、ソ連軍事顧問により停止され、壊滅寸前だった国民党軍との停戦を余儀なくされます。これは、ヤルタ協定による中ソ交渉、8月14日の中ソ友好同盟、それ以降の中ソの親密化が大きな影響をもたらしたのです。

東トルキスタン共和国が成立し拡大していく中、1945年2月、ソ連は英米とヤルタ会談を行います。

ヤルタ会談はご存知のように第2次世界大戦の戦後処理を論じたものですが、ここでは中国不在のまま、外モンゴル、新疆などについても話し合われ、ソ連は中国の国民党政府と、中国問題及び対日問題では歩調を合わせることを決定します。

この後、1945年の6月から中ソの交渉が始まり、7月には、中国側から「ソ連政府が新疆の騒乱などを中国が平定するのを援助するなら、中国は外モンゴル問題で妥協してもいい」という提案がなされ、結局この線が合意事項となったのです。

外モンゴルはモンゴル人民共和国として独立する（親ソ政権）、東トルキスタンは新疆として中国政府に戻す。

こうして、ヤルタ協定後、ソ連は姿勢を急変したのでした。

この姿勢変換にはもう一つの理由があると思われます。

東トルキスタン共和国が純粋な親ソ政権、もしくは傀儡政権（例えば初期北朝鮮のような）であるのならば、ソ連はこの地域の独立を国益にかなうものとして、中国側に対しこのような妥協はしなかったかもしれません。

しかし、これは推測ですが、現実の民衆蜂起が激烈なイスラム教的、民族主義的思考を示していたことから、ソ連はこの独立国が単なる親ソ政権にとどまらず、ソ連・東トルキスタン国境の諸民族、イスラム教勢力と今後結びつき、中央アジアに大きな勢力となっていく可能性、ソ連のスターリン体制そのものへの起爆剤となることを恐れたのではないでしょうか。

中華人民共和国成立、そして……

中華人民共和国成立後、東トルキスタン共和国の指導者たちは、毛沢東から北京に招かれ、1949年8月22日飛行機で旅立ちますが、その後、消息を絶ちました。その後の正式発表では、バイカル湖上で飛行機事故により全員が死んだという、あまりにも不自然なものでした。彼らが全員粛清されたことはほぼ明らかです。

この後の中華人民共和国のもとで「自治区」とされたウイグルの歴史は、民族的・文化的・宗教的に、全く違うウイグル人が、事実上、植民地支配下に置かれたものです。1954年の中華人民共和国憲法では、一応、各民族の「自治権」とは、以下の権利を有するものとされています。

1. 民族の政治、経済、文化の特徴に従い、自治条例と単行条例を制定し、全国人民代表大会常務委員会の批准を申請できる
2. 法律で規定された権限に従い地方財政を管理できる
3. 国家の経済制度と経済建設計画の下で、自由に自治区の地方経済事業を行うことができる
4. 民族幹部を養成できる。国家軍事制度に従い公安部隊を組織できる
5. 職務執行に関しては、現地民族言語と文字を一種、あるいは数種使用できる
6. 現地民族言語と文字を使用し、各民族の実情に合った方法で各民族の文化教育事業を行うことができる
7. 政治指導者には現地の主要民族を当てることができる

しかし、これはすべて文章だけのものにすぎませんでした。

1949年当時は、ウイグルは東トルキスタン共和国の独立は失ったものの、いまだに共和国としての軍隊は持ち、中国共産党の力は決してまだ支配的なものではありませんでした。ですが、指導者を失ったウイグルでは、十分な警戒心なく人民解放軍の駐屯を受け入れてしまいました。

最初のうち、中国は穏健な政策を進めるふりをして、共産党の党組織・政府組織をウイグル各地に整えていきます。もちろん、ウイグルが無抵抗だったわけではありません。1950年代初頭、様々な抵抗運動が起きたことは記録されていますが、それはいずれも鎮圧されました。1955年に、「新疆ウイグル自治区」が成立し、それ以後は完全な植民地化が推し進められます。

まず、中国人の大量移住が始まります。

1950年代初頭から、進駐してきた人民解放軍は「新疆建設兵団」という名義に編成され、ウイグルの地で当初は屯田兵として農業を、のちに、様々な工業や経済活動まで行う「植民地当局」として機能しました。

そして、この兵団は他の民族自治区にも置かれましたが、ほとんどの地域は解体したにもかかわらず、いまだにウイグルにおいては存在、拡大し続けています。

建設兵団は、中国共産党の軍である人民解放軍に辺境防衛の任務だけでなく生産活動までも兼務させたものであり、さらには独自の裁判所、検察署、警察署、銀行、病院や大学などの機能まで備えています。

そして、この兵団は、地方自治政府の干渉を受けることなく、中央政府直轄のもとで独自の行動を行うこともできるのです。この兵団の性格については、のちほど詳しく説明します。

毛沢東と中国共産党幹部によるイスラム教への迫害

ウイグルの伝統信仰であるイスラム教は「宗教はアヘンだ」という共産主義の理念から徹底した迫害を受けました。

まず、1956年5月から、毛沢東と中国共産党幹部は「百花斉放、百家争鳴」というスローガンを提唱し、党や政府の過ちに対して自由に意見を述べることを奨励します。

しかし、現実に多くの批判の声が上がると、まるで待っていたかのように毛沢東は、その批判者たちを「不満分子」「右派」と名指しして、彼らを全面的に攻撃し弾圧を始めました。「反右派闘争」と呼ばれたこの弾圧時に、イスラム教宗教指導者の多くが「右派」、つまり毛沢東への忠誠度が低い分子として徹底的に批判されます。

宗教指導者は、イスラムの教えを体現し、人々に広める立場として尊敬を集めていた存在でしたが、その力は奪われていきました。

ここで触れておかなければならないのは、1962年4月に起きたイリ事件です。この時、ウイグル人6万人（もっと多いという説もあります）が、ソ連のカザフスタン共和国に亡命しました。

この原因は、中ソ対立が始まり、ソ連側が何らかの扇動を行った可能性もゼロではありませんが、何よりも、中国による統治が早い段階から抑圧やウイグル人差別、弾圧をもたらし、ウイグル人たちが中国脱出を試みたからでしょう。

その後、文化大革命期にはイスラム教に対する迫害はさらに過激化し、多くのモスクや宗教施設が破壊されました。

以後、1980年代のほんの一時期、信仰や文化への取り締まりが揺らいだことは、私の少年時代の思い出に書きましたが、現在は信仰心の篤いウイグル人は収容所に次々と送られています。

ウイグルでの核実験と健康被害

そして、私が日本で継続的に訴えてきたのが、ウイグルにおける核実験とそれによる健康被害の問題です。

中国は、ウイグルのロプノール核実験場において、１９６４年から96年にかけて、地表11回（6・5Mt）、空中11回（13・2Mt）、地下24回（1・9Mt）、の核実験（合計22Mt，46回）を行っています。

この核実験は、ほとんど周辺住民に知らされることもなく行われ、放射能による多くの健康被害が出ているはずですが、いまだに中国政府は科学的調査を行おうとしません。

ウイグル人医師のアニワル・トフティは、英国のテレビ局チャンネル４の取材班の一員として１９９８年にロプノール周辺地区を訪問し、住民の健康調査を行った後、テレビドキュメンタリー“Death on the Silk Road”にて、核実験の影響による関節の変形、障害の発生、口唇口蓋裂や知的障碍など先天性異常を持って生まれた子供の姿を紹介しました。

また、ウイグルの他の地域に比して、がん患者が多いことも証明されています。トフティの調査によれば、核実験場に近い地区で、白血病、悪性リンパ腫、肺癌が増加し、発癌率は1970年頃から増加し始め、1990年には中国本土と比べて1．35倍になっています。この調査の結果、トフティはイギリスに亡命しました。

トフティはインタビューの中で、次のように訴えています。

「中国では被曝者が団体を作ることも抗議デモをすることも許されないし、国家から治療費も出ない。中国政府は『核汚染』はないと公言し、被害状況を隠蔽しているので、海外の医療支援団体は調査にも入れない。医者は病状から『放射能の影響』としか考えられなくとも、カルテに原爆症とは記載できない。学者は大気や水質の汚染調査を行うことを認めてもらえないから、何が起きているのか告発することもできない」

日本は、戦争における唯一の被曝国であり、核兵器の廃絶を多くの人たちが訴えていることを私も学びました。

だからこそ、中国の植民地下のウイグルで、罪もないウイグル人たちが被曝していったことも、私は広島の地で、日本会議の皆さんのお力を得て何度も訴えてまいりました。それは何よりも、広島の被曝者団体、また被曝者の人たちを支援している人たちに、ぜひ、このウイグルの核被害を知っていただき、連帯して核大国中国の悪事を訴えたいからでした。

原爆ドームを見て、そして様々な展示物、広島の記録などを読むたびに、私は深刻な思いに駆られ、被曝者の人たち、亡くなった方々に心から哀悼の意を表します。

そして「過ちを繰り返してはいけない」「二度と核戦争を起こしてはいけない」という思いはとてもよく理解し共感しますが、それならば、わが故郷ウイグルの地で、中国共産党による、ウイグル人への「核戦争」をも批判してほしいのです。

また、わがウイグルの地の豊富な地下資源は、本来、そこに住むウイグル人たちのために使われるのではなく、中国人のために収奪されています。

最もわかりやすい例は、西部大開発において、ウイグルで採掘される豊かな天然ガスを、長江デルタなどの経済発展地域に輸送して、地域の資源エネルギーの不足を解決しようとしたことでした。これは、ウイグルにおける資源開発企業が、中国政府直轄の企業に独占されているからこそ起こることです。

産児制限・人工中絶・強制結婚という弾圧

ウイグルの女性や子供に対して行われた罪深い弾圧は、産児制限、人工中絶の強制、そして、現在進んでいる、中国人との事実上の強制結婚です。産児制限と人工中絶は、多くのウイグル人の子供たちの命を奪っていきました。

確かに、中国人に対しても一人っ子政策という形で産児制限は行われましたが、そもそも、ウイグルの地において、ウイグル人の中で人口爆発など起きていません。産児制限が必要な事態を迎えたのは、何よりも中国人人口の増大と、無制限なウイグルの地への移民流入によるものです。

そのせいで、本来宗教的にタブーである中絶や産児制限を、私たちウイグル人が課せられているのです。

また、主としてウイグル人女性が、こちらもほぼ強制的に故郷を遠く離れた中国内陸部に出稼ぎに行かされ、侮辱的な扱いを受けています。

これはウイグルにおいては仕事が次々と中国人に奪われ、内陸部しか賃金の良い仕事はないと宣伝されるから起きる悲劇です。

同様に、現在の収容所態勢が敷かれたウイグルでは、家族を逮捕から守るために、中国人と望まない結婚をせざるを得ない女性たちがいます。

もちろん、当人同士が愛し合っての結婚ならば何の問題もありません。しかし正直なところ、私たちウイグル人と中国人は、生活習慣、特に食習慣から、宗教観、価値観に至るまで多くの違いがあります。

ネット上などに出ている、「花嫁」の表情、そしてウイグル人の伝統的な結婚のやり方が一切認められていない映像を見れば、その実態は明らかです。そして、中国人の側は、ウイグル人女性と結婚することで、国から住居の提供などいくつもの優遇措置を受けるのです。

そして、このような家庭に生まれた子供たち、あるいは、両親が収容所に入れられ、中国人の経営する幼稚園や施設で教育を受けた子供たちは、おそらく、ウイグル人としてのアイデンティティを否定されていきます。

しかし、彼らが中国人社会で差別を受けないかといえば、ウイグル人に似た顔立ちをしているだけで、やはり差別や偏見にさらされ、時には弾圧も受けるでしょう。そうすれば子供たちは、自分たちはどこからも受け入れられないというつらい環境で生きていくしかなくなります。これは児童虐待に近い事態です。

このようないくつもの迫害や弾圧が、植民地下のウイグルでは行われてきました。

弾圧への抵抗とその歴史

こうした政策に対する抵抗運動が起きたのは、1990年代からになります。これは先述のように、80年代の一時期に、文化大革命への反省から弾圧が一時的に緩和されたのが、1989年の天安門事件を機に再び強化されたことに対する、ウイグル人たちの怒りの表れでもありました。

1990年4月5日、アクト県バレン郷にて、信仰や言論の自由を求め、ウイグルの民族自決を求める抗議行動が起こります。中国政府は、これを「反革命暴乱事件」(天安門の学生たちに浴びせられたのと同じレッテルです)と決めつけ、人民解放軍が出動。1000人以上の犠牲者が出たとされていますが、今に至るも実態は明らかではありません。

１９９１年、ソ連解体後、中央アジア諸国が独立します。これは、ウイグル人の民族意識をますます高めることにつながりました。

しかし、１９９４年7月、李鵬首相はカザフスタン、キルギスタン、ウズベキスタン、トルクメニスタンなどを訪問し、独立を支持するとともに、安全保障のため、これら中央アジアでのウイグル人の活動を禁じることを求めました。

正直、これらの国々は独裁的な体制が多く、また、中国の資金援助に頼りがちな傾向があります。国民の意識は決して中国を支持しているわけではないのですが、現実の政策にはなかなかそれが反映されません。

続いて１９９６年4月、上海にカザフスタン、キルギスタン、タジキスタン、ロシアの大統領が集結。「上海ファイブ」と言われた「辺境地帯における軍事領域の相互信任の強化に関する協定」を結び、江沢民《こうたくみん》は、カザフスタン、キルギスタン、ウズベキスタン3国に、事実上、ウイグル民族運動への支援は行わないという声明を発表させました。

１９９７年2月5日、今度はイリにおいて、数千人のウイグル人がデモを行い、これも武装警察の弾圧を受けましたが、弾圧はかえって大規模な決起を引き起こし、多くの犠牲者を出しました。この事件は西欧のメディアにも取り上げられ、天安門事件に続く強権体制の実態が世界に伝わりました。

イギリスの『Foreign Report』(1997,2,28)は、1万5000人のウイグル人が蜂起し、200人が殺され、数千人の若者が「労改」に送られたと伝えています。

これ以後、中国政府の弾圧は厳しさを増しました。

実際の政治行動には関わっていなかったにもかかわらず、東京大学留学生のトフティ・トゥニヤズは、1998年2月に逮捕され「国家分裂扇動罪」で11年の懲役を受けました。

彼は日本の図書館で、誰でも閲覧できる書物や資料に触れてウイグルの歴史を学んでいただけなのに、こうして獄中に送られ、残念ながら釈放寸前に死亡しています。

また、のちに世界ウイグル会議の総裁となり、ノーベル平和賞の候補にまでなったラビア・カーディルも、ウイグルにおいて最も成功した実業家であり、ある意味、中国経済の発展にも貢献した人間でありながら、ウイグル民族の意識を高めたことがあだとなったのか、1999年に逮捕され、のちにアメリカに亡命します。

2000年3月、中国全人代では「西部大開発」が政策決定。建前では、民族地域の経済発展を目指すものですが、実態は先述したように、ウイグルの資源を収奪し、中国人主体の経済を打ち立てる以上のものではありませんでした。

2001年6月、「上海協力機構」結成。これは「上海ファイブ」にウズベキスタンが参加したものです。そしてこの年9月11日、アルカイダによるアメリカ同時多発テロが発生します。

中国政府はこのテロ攻撃を100%利用し、アメリカの対アフガニスタン戦争も支持するとともに「テロとの戦い」というテーマで、ウイグル人の運動をすべて「テロリスト」によるものという喧伝を始めました。2002年1月には「上海協力機構」の臨時外相会議にて、反テロ対策の強化を訴え、参加6カ国の首脳は「テロ活動、分裂主義、宗教過激派の取り締まりに関する上海条約」に調印します。

そして1月21日、中国政府は、アルカイダの指導者ビン・ラディンが、ウイグルにおけるテロ組織「東トルキスタン・イスラム運動」の指導者と以前から協力体制にあり、タリバンからも資金や武器弾薬の提供を受けて、中国、チェチェン、アフガニスタン、キルギスなどで様々なテロ活動を行ってきたと発表しました。

さらに「東トルキスタンテログループは、人権、宗教の自由、少数民族の利益を擁護するという旗印を掲げ、この機会に中国が少数民族に打撃を加えているなどと嘘をでっち上げて、国際世論を欺いている」「東トルキスタン勢力に対する中国政府の取り締まりは、ある民族やある宗教を対象としたものではなく、暴力的テロという犯罪活動に向けられたもの」として、これまでの自分たちの弾圧を正当化したのです。


さらに中国政府はアフガニスタンのカルザイ新首相を迎え、アフガニスタン復興支援1・5億ドルを約束。また4月、朱鎔基《しゅようき》首相はトルコでエジュビット首相と会見し、トルコからの輸入拡大、中国企業のトルコ投資奨励を約束しました。

そして決定的だったのが、8月26日アーミテージ米国務副長官が北京を訪問。胡《こ》錦涛《きんとう》国家副主席と会談し「東トルキスタン・イスラム運動」をテロ組織とアメリカが認めたことです。

私は、9・11テロをいかなる意味でも正当化するつもりはありませんし、ビン・ラディンや、のちのIS（イスラム国）の思想は、本来のイスラムとは無縁の、自分たちのテロリズムや現状破壊の意志を正当化するためにイスラムを利用しているに過ぎないと考えています。しかし、中国政府が、私たちウイグル人の正当な抗議行動をテロリズムと決めつけることは絶対に認めることはできません。

そもそも、「東トルキスタン・イスラム運動」という組織は、存在自体の根拠が疑わしいものです。

確かに、ウイグル人の中にもいろいろな考えの人はいるでしょう。武装闘争を望み、その訓練を受けたくて中東に赴いた人もいることは、私も難民救援について述べた中で認めています。

しかし、中国において無差別テロを実践する意思を持ち、かつ、ビン・ラディンやタリバンと直接組織的につながっていた組織の存在を具体的な証拠に基づいて中国政府が明らかにしたことは一度もありません。

正確に言えば、トルキスタン・イスラム党という政治勢力は存在しました。これは中国国内の弾圧で海外に逃れた活動家たちが結成したもので、確かにイスラム信仰に基づく共産主義中国との戦いを宣言しています。

しかし、このような組織はウイグル運動の全体ではなく、様々な運動の一部にすぎず、しかも、現在においては活動実態もわかりません。

中国の残酷な弾圧実態を見れば、過激な運動に走る人がいることも心情としては理解しますが、現実問題として、そのような行動でウイグルが独立できると考えている活動家はほとんどいませんし、少なくとも、中国国内、また国外のウイグル運動をすべてテロリズムと決めつけるのは悪しきプロパガンダです。

事実、アメリカも２０２０年、「東トルキスタン・イスラム運動」はその存在自体が疑わしいとしてテロ指定を外しました。

９・１１テロの犠牲者は、不当なレッテルを張られたウイグル人でもあったのです。

中国植民地支配とジェノサイド政策を支える新疆生産建設兵団

この章で触れておきたいのは、ウイグル弾圧の基本的構造は、中国政府が人民解放軍をウイグルに派遣し、その地に新疆生産建設兵団を置いた時点ですでに確立され、この兵団の存在こそが、現在まで続く中国植民地支配とジェノサイド政策の根源をなしているということです。

この兵団は、政治・経済・行政・教育・司法のすべてにおいて、「新疆ウイグル自治区」自治区政府に干渉し、事実上の独立王国のように同地を植民地支配しています。

まず、中国政府の発表している新疆生産建設兵団についての文章を見てみましょう。


新疆生産建設兵団は特殊な歴史的背景の下で設立されたものである。

１９４９年、新疆は平和裏に解放された。新疆に駐屯する中国人民解放軍部隊は国防を固め、新疆の発展を加速し、新疆の現地政府と各民族人民の経済的負担を軽減するため、主な力を生産建設に注ぎ込み、大規模な生産建設を繰り広げた。１９５４年に、新疆に駐屯する解放軍部隊は創業を経て、農場を34ヵ所、牧場を８ヵ所つくりあげ、耕地を約７万７２００ヘクタール開墾し、その収穫した農産物と畜産品を新疆駐屯部隊に供給する他、多くの近代的な鉱工業と商業貿易企業および学校と病院などを設立した。

１９５４年10月、中央政府は新疆に駐屯する人民解放軍の大部分がそのまま転業し、国防部隊から離れて生産建設兵団を設立することを命じた。その使命は労働と武装を結びつけ、農地を開墾し、国境を警備することである。

1956年5月から、兵団は国家農墾部と新疆ウイグル自治区の二重の指導を受けるようになった。

1950年代と1960年代初期、兵団は農産物・副業生産物加工業からやり始め、近代的工業を発展させ、軽工業、紡績を主とし、鉄鋼、石炭、建築材料、電力、化学工業、機械などの様々な工業において次々と成果を上げた。兵団の国民経済体系の確立に従い、兵団の教育、科学技術、文化などの諸事業も大きな発展をとげ、1966年末、兵団の諸事業はより高いレベルに発展した。

1981年12月、中央政府は1975年に撤去された新疆生産建設兵団を回復することを決定し、新疆生産建設兵団は二回目の創業を始め、その建設と発展は新しい時期に入った。2001年、106万4000ヘクタールの新しいオアシスを形成し、石河子《せきかし》、五家渠《ごかきょ》など多くの新しい町を建設し、国内総生産は自治区のそれの13・2%を占めた。

兵団は新疆を安定させ、国境警備を強固にする重要な力として、生産と武装の結合を堅持し、軍隊、武装警察、「軍、警（武装警察）、兵（兵団）、民」という四者一体の共同防衛体系を確立し、ここ50年特殊な役割を果たした。（新

疆生産建設兵団网　兵団概況2007年11月5日など、中国政府側正式資料から）

以上は中国政府側の公式発表です。

しかしここからもいくつかのことが読み取れます。

1949年、東トルキスタン共和国が、指導者の暗殺という形で滅ぼされたのを「平和裏に解放」と呼んでいるのは、中国政府のいつもの「侵略」を「解放」と言い換える決まり文句です。

そして、進駐している人民解放軍が「国防を固め、新疆の発展を加速し、新疆の現地政府と各民族人民の経済的負担を軽減するため、主な力を生産建設に注ぎこみ」というのは、この軍隊が存在すること自体がウイグル人にとっては経済的負担であり、かつ、同地をウイグル人ではなく、中国人が「生産建設」つまり中国人にとって都合のいい収奪と生産を行うことを意味しており「農作物と畜産品を新疆駐屯部隊に供給」とは、まさに農作物の徴発に他なりません。

その実態がどのようなものであったかを、事実に即し説明していきます。

東トルキスタンを侵略した張本人であり殺人鬼

東トルキスタンの新疆生産建設兵団が支配する地域に住む中国人たちは、毎年、2回の記念日を祝っています。

もちろん一つは10月1日の中華人民共和国建国記念日（国慶節）ですが、もう一つは、10月7日であり、1954年のこの日、新疆生産建設兵団が成立した記念日です。ウイグルではしばしば、国慶節以上に大規模な祝賀イベントが行われます。

この新疆生産建設兵団の中心本部、首都というべき石河子《せきかし》、そして各地域のすべての兵団本部には、この兵団を編成した王震《おうしん》という人物の全身像が建立されており、中国人たちは、自分たちに莫大な土地と豊かな天然資源を与えてくれた王震を、まるで宗教の聖人のように崇拝しています。

誇張ではなく、王震の誕生日である4月1日には、中国人たちは線香をたき、お祭りのように着飾って、王震の彫像の前で正座して彼を讃えます。2008年の王震生誕100周年では、ウイグル全域で記念イベントが行われました。

その場で、新疆ウイグル自治区共産党委員会の前書記である王楽泉は、ウルムチで行われた王震生誕100周年記念イベントに出席し「王震同志の民族分裂主義に反対し、祖国の統一を守るという愛国精神を学ぶべきである」、「王震は、新疆生産建設兵団の人々らに対してだけではなく、中国共産党政権に対しても非常に重要な存在であった。なぜなら、王震は、ただ新疆生産建設兵団の創立者だけではなく、民族分裂主義に対して抵抗する旗手であり、指導者でもあった」と演説しました。

しかし、ウイグル人たちは、王震を「殺人鬼」「東トルキスタンを侵略した張本人」と呼んでいます。

王震は、元帥・彭徳懐《ほうとくかい》が指揮する中国人民解放軍第一野戦軍第一師団第一旅団長であり、1949年にこの師団がウイグルに侵攻しています。同時に王震は「中国共産党新疆省委員会」の初代書記でもありました。

それでも、1949年10月にウイグルに侵入した中国人民解放軍は10万人ほどに過ぎませんでした。

彼らは最初のうちは、むしろウイグル人たちとも平和的に交流するふりをして、ウイグル人を安心させておいて、その後、その目的を明らかにします。

まず人民解放軍が行ったのは、1949年12月20日、東トルキスタン共和国の軍隊を、中国人民解放軍第5軍に改称し、その司令部を中国人に変えることでした。

この後、事実上東トルキスタン国軍は解体させられ、ウイグル人たちは抵抗する手段を奪われていきます。

そして1950年から、農作業のためという理由で、ウイグル人たちから農機具を没収し、足りない分はソ連から輸入、さらに、水流が近い農業に適した地域を次第に独占していきます。

1953年11月までに、新疆生産建設兵団に所属する各部隊が作った農場や牧場が39か所、そのうち農場は32か所、牧場は7か所でした。新疆生産建設兵団の農業人口は15万3300人になりました。

農地耕作面積は10万8000ヘクタールに上りました。

同時に家畜も収奪され、1950年には牛7500頭、羊11万4000頭、鳥2万5000羽、1951年には、牛1万5000頭、羊31万1000頭、鳥4万5000羽が徴発されています。

同時に、１９５２年7月までに、ウルムチで、鋼鉄工場、紡績工場、自動車修理工場、発電所、セメント工場等を建設し、これらの先進的向上も中国人が独占するようになりました。

もちろんこの過程で、大量の中国人移民が、農地開拓、工場労働者として移民してきました。

１９５４年、制式に新疆生産建設兵団が成立し、さらに収奪は続きます。

１９５６年、新疆生産建設兵団に所属する農場数が54か所に増加し、農業人口は29万８３００人、農業耕作面積が、15万８９００ヘクタールに拡大しました。

１９５６年、河南省から、5万５０００人の青年達が新疆生産建設兵団に移住してきます。この年、軍事・農業・工業・文化における新疆生産建設兵団の人口は１４８万人におよびました。

１９５７年12月までに、新疆生産建設兵団が作った大型ダムは10基、貯水能力2億８０００万立方メートルに及び、20万６７００ヘクタールの土地分の農業用水を確保しますが、これは同時に、ウイグル人たちから水を奪い、中国人が農業用水を支配することを意味しました。

1962年には、新疆生産建設兵団が所有する農耕地面積は69万ヘクタールになり、農牧場総数が166個、農業総人口が72万4100人、工場は348か所、工業生産価値は、6億149万元に及びました。

ですが、これはウイグル人たちにとっては、農業も工業もすべて中国人の支配を受けることであり、ウイグルの土地と資源は次々と奪われ、ウイグル人の信仰と民族意識も否定されていきます。

強引な食糧調達によって飢餓も進行し、1962年、グルジャにて約3000人の市民が抗議行動に立ち上がりました。

弾圧に抗議し食料を求めたデモ隊に対し、王震はイリ軍区司令官張世功に対し、武器を持たない市民たちに一斉射撃を行うよう命令しました。

ここでまさに無差別虐殺が起こり、続いて、イリ市に隣接したチョウチエク市でも、同様の虐殺が起こりました。

怒ったウイグル人たちは立ち上がり、他にも、カザフ人、ウズベク人、モンゴル人など、ウイグルに住むあらゆる民族が、中国人に対し決起します。

しかし、武器を持たない民衆は次々と銃弾に倒れ、大量の難民がソ連との国境を越えて脱出しました。

中国共産党の内部文献によると、この事件で逃亡した人数は20万人とされ、また、70万人に上るという説もあります。

イリ、チョチエク両市は、10人のうち9人が脱出したか殺されたといわれるほどで、中国共産党に近い立場の指導者もこの時は民衆とともにウイグルを去りました。

その中には、新疆軍区の副司令官マアルガフ将軍、新疆軍区副参謀長ズノンタイエフ、庁長、自治州長、地区専員及び県長、公安局長、医者、教師、宗教指導者などもいます。

中国共産党はいまだにこの事件を、自らの虐殺を隠蔽し、ソビエトから策動された「反革命暴動事件」と名付けましたが、その根拠は全く示しておらず、現在では「伊塔事件」としています。

この時は、王震の命令により、ある村でウイグル人が中国人兵士を殺害する事件があり、その村のすべてを、なんと砲撃によって焼け野原にしてしまうという事態まで起きています。まさに、民族ジェノサイドはこの時に始まったといえましょう。

ウイグル人の血に染まった軍隊

こうした残酷な弾圧を行ったのも、新疆生産建設兵団の成り立ちに原因があります。

1954年の段階で、新疆生産建設兵団の人員は17万5000人(中国政府発表)とされ、このうち10万人は、この章の前半で述べた、楊増新、金樹仁・盛世才らによって率いられていた、軍閥や国民党系の軍隊です。

彼らは今世紀初頭から第二次世界大戦の時代にかけて、ずっとウイグル人を残酷に弾圧してきました。

あえて言えば、この兵士たちの手はもともとウイグル人の血で染まっていたのです。そして、ウイグル人から見れば、彼らは当初から弾圧者、虐殺者でした。

ですから、兵団の兵士たちは、ウイグル人たちが自分たちをどう見ているかはわかっていますから、報復を恐れてどこまでも残酷になれたのです。

新疆生産建設兵団が成立した時点における残りの7万人は、中国の刑務所から強制的に移住させた囚人たちでした。これは中国の正式文書でも証明されています。

中国政府が作成した「新疆生産建設兵団の発展史」によると、ウイグルを中国政府が支配した1949年の当時、「新疆軍区」に所属する「犯罪者受け入れ委員会」が設定され、1949年から1952年までに、山西省・湖北省・河南省・浙江省等から刑務所にいる囚人達を東トルキスタンに強制移住させたのです。

この後もこのやり方は続き、1955年から56年まで、新疆生産建設兵団が自主的に四川省・上海・浙江省等から囚人達を強制的に移住させ、新疆生産建設兵団の戸籍を与えています。

この囚人たちには故郷に帰る権利は与えられず、同時に、安全の確保や重労働をさせないなどの様々な恩恵が与えられました。囚人たちの家族も呼び寄せられました。しかし、囚人の中には兵団から脱走し、ウイグル人との間に、殺人・放火・強盗等の刑事事件を起こしたものも多かったのです。兵団は当初からこのような人員で占められていました。

そして現在、新疆生産建設兵団の団員は、中国人の中でも大漢族主義・中華思想が最も強固な人々といえるでしょう。

彼らの意識は、現在も、そして残念なことに未来もおそらく、中国人とウイグル人は和解不可能であり、兵団の存続のためには、ウイグル人を弾圧、そして最終的には抹殺しなければならないと考えている人たちです。

この意識は、北京の中央政府よりもはるかに強いかもしれません。

ウイグル人も、新疆生産建設兵団に所属する中国移民に対し「最悪の漢人は兵団の漢人」と考えています。

これまでの歴史において、ウイグル人は、いかなる中国人よりも兵団から収奪と弾圧を受けてきたからです。

特にウイグル人の80％を占める農民にとって、農地から水源をすべて奪われた被害は忘れることはできません。

そして、現在に至るまで、新疆生産建設兵団の中国人移民たちは、自由にウイグル人たちが集中的に住んでいる町に入り、自由に商売を行い、土地を買い、定住することができます。

しかし、ウイグル人は新疆生産建設兵団に所属する地域に入ることはできませんし、そもそもそんな気持ちを持つ人はいません。

自治区政府の機関からも、ウイグル農民に対して、新疆生産建設兵団の中国人移民らとトラブルを起こさないように警告しています。

仮に衝突やトラブルがあった場合、地方の行政機関や司法機関等などから、新疆生産建設兵団の移民を尋問する又は法的に懲罰する権利がなければ資格もないのです。ある意味、新疆生産建設兵団は、超法規的組織であり、ウイグル人のために弁護や保護をする機関はどこにもないのです。

ウイグルにおける時限爆弾

その後も、新疆生産建設兵団は拡大していきます。

1960年代末まで、新疆全体の工業のほとんどが新疆生産建設兵団に所属、当時の工業は砂糖生産・綿紡績業・パルプ業・羊毛紡績・発電・機械清掃・化学工業・建築材性産業・軽工業でしたが、その9割以上を新疆生産建設兵団が所有していました。

また、兵団は1951年から65年までの間、炭鉱の採掘を拡張し、32か所の炭鉱で年間211万トンの石炭を採掘、収奪しています。

そして、1966年、中国の本土から12万6700人（上海から9万7000人、天津7900人、武漢7900人、セッコウ省4800人、江蘇省2900人、北京4400人）が移民してきています。他にも、文化施設、医療施設なども兵団は所有、管理しています（1964年で映画放送隊150個、ケーブルラジオ259か所、クラブ2106個、劇団16個、1965年、医療施設573か所、医療技術者数1万1334人（医者3223人、ベッド数1万2755個）。

この新疆生産建設兵団は、1975年3月25日、いったん廃止されます。そして施設や工場、役所、農場などは、すべて、新疆ウイグル自治区の管理下に置かれました。これは、毛沢東の選択です。

この時期、文化大革命の影響もあり、新疆生産建設兵団はウイグル自治政府（地方政府）と徹底的対立に至っており、武力衝突から内戦が起きる一歩手前でした。また、双方が土地、水源、農地などを奪い合う状態がウイグル全域で起きていました。毛沢東が兵団を撤廃したのは、何よりも内戦を恐れたからに他なりません。

毛沢東が新疆生産建設兵団の撤廃を決断した1975年から1981年、新疆生産建設兵団が回復されるまでの6年間余りは、中国共産党がウイグルを支配した60年間の中で最も平和的で安定した時期だったかもしれません。

しかし、それはほんの一時期に過ぎませんでした。

改革開放の時代であるはずの1981年7月、鄧小平は、王震に新疆生産建設兵団を回復する必要性について報告するように命令し、8月、鄧小平が新疆を視察し、12月には「新疆生産建設兵団回復に関する決定」が発令されてしまいます。回復した兵団は、1976年から地方政府に分配された土地を、強権で地方政府から奪い取りました。

さらにその後も勢力範囲を拡大し、移民を再び増加させます。

中国政府の決定により「新疆ウイグル自治区」という行政地域の中で、もう一つ「新疆生産建設兵団」という省レベルの行政勢力が立ち上げられ、一つの地域で二つの省レベルの行政政府が存在する形になりました。

兵団はもともとそれに近い権力を持ってはいたのですが、完全に独立した組織となり行政区の支配すら受けない存在となったのです。そしてこれは、兵団が、中国共産党政府が存在する限り、永続的にウイグルを支配することを意味しています。

2010年代の段階で、新疆生産建設兵団の人口比率は、ウイグル全体の11～12％

に相当し、その支配領土はウイグルの約半分に当たります。

現在、中国政府はこの兵団について、以下のような歴史的功績があり、今後とも存続すべき存在としています。

「1962年4月、イリから旧ソビエトへの大逃亡事件が発生した後、新疆生産建設兵団が速やかに53団をイリ地区に移動させ、6万人の逃亡者らの不動産・土地・財産を、新疆生産建設兵団の移民らに分配し、彼らをイリに定住させ、国境の安全に貢献した。逃亡者らの家畜や草原を占領し、農場などの生産を回復した」

「1962年の中印戦争時、新疆生産建設兵団から1200名の優秀な戦闘員を戦場に送ると同時に、中国人民解放軍参戦部隊の食料を確保し、中国の勝利に重要な役割を果たした」

「現在、新疆生産建設兵団所属の58の兵隊が、2019キロの国境線の安全を守る任務を付与され、中国領土を守るために重要な役割を果たしている」

「新疆生産建設兵団が、今まで12万人にも昇る犯罪者らを改造し、定住させた」

「1983年に中国の全域で刑事犯罪者らを摘発し打撃させる運動を展開した時期か

ら今まで、新疆生産建設兵団が中国の18の省から重犯罪者らを東トルキスタンに移動させ、犯罪者達を教化・改造する仕事を果たしている」

「1983年から新疆生産建設兵団が4万人強の民兵を動員しメキット県・ポスカム県・バーリン郷・グルジャ市などで起こった暴動・騒乱を制圧するために重要な役割を果たし、地方治安当局に協力して500人余りのいわゆる〝分裂主義者〟らを捕まえた。これは国家の安全に繋がることで、新疆生産建設兵団の実績は多大である」

（以上、2009年8月31日「新疆生産建設兵団、新疆を開発・発展させる特別の道」調査報告書より抜粋）

そして、報告書は、新疆生産建設兵団は「新疆の安定を確保する最重要な力でいる」という言葉で締められています。

逆にいえば、これこそ中国政府の本音でしょう。

新疆生産建設兵団は、「分裂主義者」こと、ウイグル人の中の抵抗運動を制圧・弾圧し、国境を防衛し（それは中国を守るためであってウイグル人の生命や人権には全く関係はありません）犯罪者、囚人を移民として送り込む基盤なのです。

鄧小平によって復活した兵団は、2010年段階では、5300にも余る商工企業を所有し、ウイグル辺境の16か所の貿易所のうち9つを管理しています。さらに兵団は、企業活動として、世界の当時は75か国と貿易を行っていました。

その支配する耕地面積は２００６年段階では７４５・６３万ヘクタール、農地に水を確保するために大規模なダムを１２５基建設し、水源を独占したため、ウイグル人は水を兵団から買わなければならない状況に追い詰められています。

ウイグル人たちだけではなく、新疆生産建設兵団の問題点は、中国民主運動家によっても指摘されています。

民主運動家であり作家でもある王力雄《おうりきゆう》、アメリカに亡命した民主活動家・呉宏達らは、次のように述べました。

「ウイグルの将来の運命に対して、新疆生産建設兵団が重要な役割を果たすのは間違いなく、例えば東トルキスタンでコソボのような民族紛争が起こるとしたら、その主役はウイグル人と新疆生産建設兵団の中国移民たちになるのは間違いない」

彼ら民主運動家にとって、新疆生産建設兵団は、ある意味「ウイグルにおける時限爆弾」でもあります。

仮に中国に民主化が成し遂げられたとしても、この新疆生産建設兵団だけは、武力を持って支配権を守ろうとあくまで戦い続けるかもしれないのです。ちょうど、ルーマニアのチャウシェスク政権崩壊後も、チャウシェスクの親衛隊が最後まで戦い続けたように、彼らもウイグルにおいて、過激な中華思想のもとに民族内戦を開始する可能性は大いにあります。

この新疆生産建設兵団の名前が国際的に有名になったのは、「新疆綿」といわれるウイグル生産の綿製品が、新疆生産建設兵団に所属する企業によって輸出され、かつ、日本でもユニクロなどで使用されている現実が近年明らかになったことによります。

しかし、より重要なのは、本章で触れたような、この兵団の本質です。

そして日本の皆さんに特に意識してほしいのは、中国人がこうして犯罪者を他国に移民として送り込み、それを侵略のきっかけにする危険性です。

私たちウイグル人と同じ轍を踏まぬよう、この兵団の本質をぜひ皆さんに知っていただきたく、お伝えした次第です。

第4章

弾圧

ウイグルジェノサイドの始まりとなったウルムチ事件

２００８年、中国では北京オリンピックが開催されましたが、「平和の祭典」が人権抑圧国で開催されることに抗議し、聖火リレーに対する抗議行動が日本を含む全世界で展開されました。この時、ウイグルでも抗議行動は起きています。そして、２００９年のウルムチ事件が、中国政府による「ウイグルジェノサイド」を完全に明らかにしたといえるかもしれません。

この事件は、まず、２００９年６月26日、広東省の工場で起きた、中国人によるウイグル人殺害事件に始まります。殺害といっても、事実上、中国人によるウイグル人リンチ殺人事件です。

なぜこんなことが起きたかといえば、内陸部に強制的に動員されるウイグル人出稼ぎ労働者によって職を奪われたと勘違いした中国人労働者が、ただのレイシズムからウイグル人を襲ったからです。そしてその際、ウイグル人が中国人女性に乱暴を働いたというデマがそれに拍車をかけました。

殺されたウイグル人は、中国政府の公式発表では2名ですが、おそらくもっと多いはずです。しかし、問題なのは事件だけではなく、中国政府が一切この事件の犯人たちを罰する姿勢を見せなかったことでした。

ウイグルのウルムチでは、この事件に対する抗議のデモが、7月5日に行われました。しかし、抗議デモ自体は全く平和的なものでした。そもそも、統制下のウイグル人はまともな武器など持つこともできません。

しかし、中国人警察は、このデモをただちに暴力的に弾圧し、武装警察を導入して、ウイグル人に向けて発砲しました。さらに、ウイグルに住む中国人たちは、こん棒や武器を持って、翌日からウイグル人の住居、モスク、商店などを手当たり次第に襲撃し始めたのです。

この時も、警察は一切止めようともしませんでした。事件の全体像は今も報道統制のためわかりませんが、数千人規模の犠牲者が出たはずです。しかし、今もこの事件は「ウルムチ暴動」などといわれることがあります。もしも暴動というのなら、それを起こしたのは中国人の側でしょう。

以下に紹介するのは、当時のラジオ・フリー・アジアにインタビューに答えた現場のウイグル人の声です（いずれも世界ウイグル会議が公開しているものを、多少文章を整理したものです）。

ウイグル人男性　7月5日、最初に大学生などを中心に1300人ぐらいのウイグル人が市中心部の人民広場に集まった。これは6月26日に広東省で起こった漢民族によるウイグル人への大規模な襲撃事件に対し、ウイグル自治区政府側から何の正式な見解もなかったため、それに対する抗議と、自治政府からの事件についての説明を求めるために行われた平和的なデモだった。

しかし、デモが始まって間もなく、自治政府は軍や武装警察を動員してきて、デモ隊を武力で解散させようとした。だがデモ隊側も政府の正式な見解・説明がない限り解散しない立場を表明した。また、6・26事件を見過ごすことはできず、ウイグル人にも法律上の権利が認められるべきことを求め続けた。この時、政府トップ側からの指示によるものかどうかわからないが、武装警察や軍が学生たちに対し発砲し始めた。

記者　人民広場付近で最初に行われた武装警察による発砲で何人ぐらい死んだ

のか、ご存知ですか。

ウイグル人男性　私が自分の目で見たことや、周りの（一緒にデモに参加していた）友人らから聞いたこと、そして、その現場で残された血の痕などからすると、最初の発砲があった人民広場付近では、少なくとも150～200人の学生がその場で撃たれて死んだのは間違いありません。

記者　現在中国政府側は今まで156人が死亡し、820人が重軽傷を負ったと発表していますが、これに対しどのように思いますか。

ウイグル人男性　私たちはこの本当の数を明かして知られたら死刑になるかもしれないが、構わない。もうこの命を諦めた。危険を覚悟しています。事件が始まった5日から今（7日）まで、私は周りの友人、デモ参加者、現場を見た友人、親族などにウイグル人死傷者について細かく聞いてみましたが、この二日間で軍の発砲などで死んだウイグル人は800～1000人に上ります。負傷者は約2000～3000人に上る。（以下略）

ウルムチ事件では、警察や軍人だけではなく、ウイグルに住む中国人自身が武器を持ってウイグル人を襲い、ウイグル人の店やモスクを破壊し、暴力をふるい続けました。もちろん、警察はそれを止めもしませんでした。この事件以後、ウイグルは事実上の戒厳令下となり、ここでは生きていけないと思ったウイグル人たちが多く難民として東南アジアなどに逃れていったのは、第2章で触れたとおりです。

中国政府は、もしかしたらこの時点で、ウイグル人をこの地球上から抹殺することを決めたのかもしれません。

職業訓練センターという名の収容所

2013年9月7日、習近平はカザフスタンのナザルバエフ大学における演説で「シルクロード経済ベルト」構築を提案し、翌2014年11月10日の北京におけるアジア太平洋経済協力（APEC）首脳会議で、中国からユーラシア大陸を経由してヨーロッパにつながる陸路の「シルクロード経済ベルト」（一帯）と、中国沿岸部から東南アジア、南アジア、アラビア半島、アフリカ東岸を結ぶ海路の「21世紀海上シルクロード」（一路）において中国主導の経済体制を確立する、いわゆる「一帯一路政策」を提言しました。

この一帯一路とは、多くの中国専門家が指摘するように、中国による経済支配を世界に広げるためのものです。ウイグルは、まさに、中国から中央アジア諸国を通って世界に広がるシルクロードの出口となります。中国は、この要所を完全に支配し、反抗するウイグル人の一人もいない場所にすることを決意したのでしょう。

2016年8月、それまでチベットにて強権をふるっていたが、中国共産党新疆ウイグル自治区委員会書記に就任します。そして、同時にウイグル支配の象徴である新疆生産建設兵団委員会第一書記兼第一政委に就任。ここから、ウイグル全土の強制収容所建設が始まったものと思われます。ウイグル人は何の罪を犯したこともなく、政治的意見を表明したことがなくても、ウイグル人としての意識を持つだけで収容所に入れられる時代が到来しました。

これ以後のひどい弾圧は、今や世界の様々な人権団体の報告や報道で明らかになっていますので、いちいちここで繰り返す必要はないでしょう。日本では特に、収容所体験者の証言を中心に、漫画家の清水ともみさんがたくさんの作品を描いてくださり、多くの人の目に触れることができました。

最初のうちは収容所の存在を否定していた中国ですが、2017年には、「ここは職業訓練センター（職業技能教育訓練センター）である」という嘘で対抗するようになります。職業訓練センターならば、なぜそこに、80歳を超えた老教授が入れられたのか（著名なウイグル人イスラーム学者で、コーランのウイグル語翻訳という偉業を成し遂げたムハンマド・サリヒ師が、２０１７年12月に連行され、翌年１月に死亡しています。サリヒ師は82歳です。いったい、この老大学者をどう「再教育」するのでしょう）。

「職業訓練センター」で、なぜ肉体的、精神的な拷問を加えるのか、亡くなった人の遺体すら返さないのかという、ごく当たり前の疑問も無視しています。

この収容所において何が行われているか、流出した中国側文書と、体験者の証言を並べてみれば明らかでしょう。

次の文章は、２０１７年に新疆ウイグル自治区の共産党副書記で治安当局のトップだった朱海侖氏が、収容施設の責任者らに宛てた連絡文書から抜粋したものです。これには、収容施設を運営する上での方針が書かれています。（アジア自由民主連帯協議会ホームページ掲載）

職業技能教育訓練センター工作のさらなる強化と規範化に関する意見
〔宛先〕イリ・カザフ自治州党政法委及び各地、州、市党委政法委員会

脱走防止。区域内分離と部門管理を堅持し、フロントゲート前の警察署、病院内警備員詰所、監視塔、警備所、巡回ルート等の設置を完全にし、外部との隔離、内部での分離、防護と防衛、および安全通路等の設備を完全にする。セキュリティ機器、セキュリティ装置、ビデオ監視、ワンタッチアラーム等のデバイスの適切な機能を確保する。

出入りする人間、車両、物品の厳格なセキュリティ・チェックシステムを設け、車両の進入を厳しく制御する。病院に駐車する必要のある車両の場合、車両の全面を内側に向けて駐車し、施錠されていなければならない。

施錠は厳格に行うこと。宿舎のドア、廊下のドア、および建物のドアは二重ロックにして二人で行い、すばやく開閉しなければならない。授業、食事、トイレ、入浴、診察、家族との面接時に発生する脱走を防ぐために、研修生の行動は厳しく管理する。研修生が休暇を願い出た時には厳格に対処し、病気など

の特別な状況で訓練センターを離れる必要が出た時には、必ず同伴者が付いて監視しなければならない。

騒乱防止。重要人物、部所、時間帯、物品のチェック・システムを作って運用し、教室や宿舎などで違反行為や異常な状況をすみやかに発見し、常に研修生の思想や尋常ではない心理を推定し、これを取り除く。研修生が共謀して騒動を起こすことを防ぐため、情報提供の任務を持つチームを組織して秘密裏に配置する。

研修生は屋外での労働に参加することはできない。また、定められた活動以外で外部に連絡することはできない。研修生が携帯電話を持つこと、あるいは研修生が使用するために職員が携帯電話を貸すことは厳禁で、職員が研修生と個人的に接触して内部で共謀することを厳重に防止する。

宿舎や教室の監視ビデオは、担当警備員がリアルタイムで監視し、詳細を記録し、疑わしい状況を即座に報告できるように、全体を映して死角のできないように設置しなければならない。

「研修生」とは、職業訓練センターという名前である以上、囚人という言葉は使えないのでしょうが、この管理システムは職業訓練センター用のものではなく、どう読んでも収容所における管理体制です。さらにこの文書は次のように続きます。

毎日、中国語・法律・技術を集中して学習する。中国語の学習を主な履修課程として、時間、内容、質を確保する。法律と技術の授業では中国語を使用し、日常生活では徐々に中国語でコミュニケーションを取るようにし、「脱極化〔脱過激思想化〕」の内容等を中国語学習の中に取り入れる。研修生の中国語水準と教養水準に応じたクラス編成を行い、クラス別教育を実施する必要がある。

思想教育。個別に会話するシステムを確立し、研修者の思想動向をすぐに把握し、思想の矛盾を取り除き、良からぬ意欲から遠ざける。積極的に広報などの活動をし、健康的でやる気を起こさせる雰囲気を作り、研修生自身が過去の行動の違法性、犯罪性、危険性を深く理解して、後悔の念と告白を行うように促す。

心理カウンセリングに焦点を当て、心理的矯正教育が重要な役割を果たすようにする。曖昧な理解、不満な態度、または対立する感情を持っている者に対しては、教育管理幹部の「多包一（多数が一人を引き受ける）」等のやり方を取り入れ、最も厄介な問題である思想転化教育を大がかりに展開し、良好な結果に到達することを確実にする。

これはウイグル語を禁じ、「脱過激化」という名のもとに、私たちの伝統信仰を否定、ウイグル人としてのアイデンティティを否定することとです。そして「過去の行動の違法性、犯罪性、危険性を深く理解し、公開の念と酷似箚を行うように促す」というのは、各囚人に徹底的に「自己批判」をさせ、過去、イスラムを信仰していたこと、ウイグル人としての民族意識を持っていたことなどを「反省」させることを意味します。

また「曖昧な理解、不満な態度、または対立する感情を持っている者に対しては、教育管理幹部の「多包一（多数が一人を引き受ける）」等のやり方を取り入れ」るという、「多包一」とは、おそらく拷問や、多数の中国人が集団で反抗的なウイグル人を精神的、肉体的に攻撃することを意味するのかもしれません。

この原則のもと、男性も肉体的、精神的な拷問を受け、特に女性は性的な暴行や侮辱も浴びせられます。収容所内で、正体のわからない化学薬品を飲まされて生理が止まったり、意識を失ったりしたという証言もあります。

そして恐ろしいのは、収容所で亡くなっても遺体が家族に返却されない理由の一つとして、囚人の臓器が、臓器売買の対象となって抜き取られているからだという説もあるのです。多くの証言がすでに明らかになっていますが、1976年生まれのカザフ人、サイラグル・サウトバイ氏の証言を紹介します。彼女は収容所で、中国語を教える仕事に就かされていました。

「2016年以降、私たちの自治区は世界最大の監視国家に変貌した。国際的に活動する専門家は、ここには1200を超える収容所が網の目のように配置されていると推定するが、一方で、地下収容所の存在を指摘する報告が増え続けている。現時点ではおよそ300万の人間が収容所に拘留されていると考えられているが、誰も裁判は受けておらず、実際に罪を犯した者は一人もいない」

「(収容所では)誰もが中国語で話さねばならない。中国人のような服を着なければならない。中国人のように考えなければならない。中国のために尽くさねばならない。

先住民は国外との接触を持つことは許されない」

そこでの日課は次のようなものでした。まず午前7時から9時まで、サウトバイ氏は、囚人に対し、中国共産党体系の決議や、中国人の習慣を教えなければなりませんでした（ウイグル人の中には中国人とほとんど接してこなかった人もいて、中国語を十分に理解できないので、中国語に堪能な知識人であり医師でもあったサウトバイ氏が指導を命じられたのです）。そして9時から11時までは、授業の結果を確認する。中国語が理解できない囚人、特に高齢者には、習ったことを中国語で暗唱せよと言われてもなかなかできなかったようです。

午前11時から正午までは、一人一人の囚人に段ボールいっぱいの紙が配られ、そこに入れられた紙に書かれた次のようなスローガンを唱えさせられます。


「中国人であることは私の誇りだ」

「私は習近平を敬愛する！」

「私の命と財産はすべて党のおかげです」

「習近平万歳、共産党万歳！」

「党が存在しなければ新しい中国はない！」

そうして正午にはわずかな食事が与えられ、しかも、金曜日には、強制的に豚肉が支給されました。イスラム教徒だからと拒否すれば、肉体的な拷問も加えられました。午後2時から4時の間は、再び共産党歌を歌わされ、その歌詞を書き取らされました。

「党がなければこの新しい子供たちはいなかった。党がこの新しい子供たちを造った。党はこの国のすべての人民に奉仕するためあらゆる努力をしている。党は全力でこの国を守ってきた」

午後4時から6時までは「反省の時間」です。監視している中国人職員（と名乗る看守）たちは「早く自分の罪を認めて、それを正そうとすれば、それだけ早く解放される」と言いました。しかしその罪とは、祈りをささげ、神を信じていたとか、中国の習慣に対し否定的な態度を取っていたとか（文化も食習慣も違うのだから当たり前なのですが）、また、外国のアーティストと写真を一緒に撮影したとか、ポスターの前で写真を撮ったとか、そのような行為のすべてを指すのでした。ある13歳の少女は「なぜ、お前はここにいるのか」と問われ「私は恐ろしい過ちを犯し、カザフスタンの親戚を訪ねてしまいました！　もう二度とこのような真似はしません」と答えさせられました。親戚に会うために国境を越えた、それが、この少女が収容所に入れられた罪なのです。

ここでの女性への侮辱は以下の証言からわかるように、悲惨なものでした。

「来る日も来る日も暗い部屋から貫くような悲鳴が聞こえた。私たちは日々、心を閉ざしていった。拷問は屈強な男たちさえ打ち負かしていたが、ここで最もひどい目にあったのは女性と少女たちだった。夜、見張りや掃除をしていると、警備員が一番若くてかわいい娘を監房から連れ出してゆくのをよく目にした」

「警備員は連れ去った少女たちを翌日まで帰さなかった。彼女たちの顔は青ざめ、おびえきっていた。腫れあがった顔に傷を負いながら、赤い目をしばたいていた娘もいた。もぬけの殻のようになっていても、彼女たちがどれほど愕然とし、どれほどの恐怖を味わっていたのかは誰が見てもわかった」

ある女性の「自己批判」は次のようなものです。

「命令に従い、彼女は中国語で自己批判を始めた。『私は初級中学校3年生の時、祝日を祝おうと携帯電話でメールを送りました。それは宗教行事に関する行為であり、犯罪でもあります。もう二度としません』」

この「自己批判」をしたあと、彼女は囚人たちの目前で中国人看守の暴行を受け、囚人の一人が抗議すると、その囚人も連れ去られてしまいました。

「世界ウイグル会議」の顧問をつとめる英勅選弁護士のベン・エマーソン氏は、この収容所について次のように語っています。

「ここで行われていることは、ひとつの民族コミュニティ全体を対象に作られ実行されている、巨大な集団洗脳計画以外の何かだとみなすのは、非常に難しい。新疆ウイグル自治区にいるイスラム教徒のウイグル人を、個別の文化集団として、地球上から消滅させようとしている。そのために彼らを完全に作り変えることを意図した取り組みだ」

これはまさに民族絶滅政策、ジェノサイドが今ウイグルの地では行われていることの証明でしょう。

中国の隠ぺい工作で国連も日本国民も「加害者」になる?

昨年(2022年)3月8日、バチェレ国連人権高等弁務官は、中国を5月に訪問すると発表しました。これは、ウイグルを含む人権侵害に対する調査が目的であるはずです。ところが、中国外務省の趙立堅副報道局長は翌日9日の記者会見で「訪問の目的は、双方の交流と協力の促進だ」と述べ、人権侵害状況への「調査」ではないことを強調しました。

どんな形であれ国連の調査官が入国することは、事態を少しでも改善するために意味のあることだという人もいます。しかし、これまでの中国のやり方から見て結果は見えています。

まず、その調査団の行くところは、すべて美しく整えられ、街並みはチリ一つないほど掃除され、そこではウイグル人たちが民族衣装を着て、平和に、そして経済的にも豊かで幸福そうに暮らしているところを見せるでしょう。場合によっては、中国人とウイグル人が一緒に「私たちは仲良く暮らしています」と語るかもしれません。モスクでも礼拝が許され、コーランも唱えることが許されるかもしれません。しかし、それはただ調査官がいるところだけです。

そして、調査官が、仮に職業訓練センターを見せてほしいといえば、中国政府は拒否などせず喜んで見せると思います。そこには、ウイグル人たちが、清潔な環境で、パソコンに向かい、また黙々と作業労働をしているでしょう。指導教官も皆ウイグル人かもしれません。

　そんな中で「研修者」たちは「ここで資格と技術を覚えて、外に出ていい会社に勤めるのが夢です」「労働時間は一日8時間、それ以外は自由な時間で、家族とも時々会いに行きます」と語るはずです。しかし、その「研修者」たちが、果たして本当のことを語っているか判断するすべはありません。

　毛沢東は抗日戦争時代から、多くの海外ジャーナリストを利用し、自分が貧しい人たちの味方であり良心的な革命家であるというイメージを作ってきました。それは見事なほどで、あの文化大革命ですら、当時は多くの自由民主主義国内でも、そしてこの日本でも偉大な精神革命だと評価する報道が多かったのです。同じように習近平も、この国連査察団に対し何を見せ、何には触れさせないかを、今のうちに作戦を立て、十分な演出の準備をしているに違いありません。

　今、海外のウイグル人たちは、そして私もその一人ですが、国連が調査団を出すならば、必ず自分を連れて行ってほしいと要求しています。私たちウイグル人は弾圧下で生きてきたからこそ、中国政府のやりそうなことを理解しています。

　私たちが調査団とともに行けば、故郷の町で何が起きたか、今や連絡もできない私の家族がどこでどうなっているか、実際にどんな弾圧が起きているかを、その場で証明することができるでしょう。

そして今、中国は盛んに、日本の政治家に対して「新疆ウイグル自治区に実際に行ってほしい」という誘いをかけています。これからは国民に対しても同様のことをするでしょう。これに日本の政治家が乗ってしまい、十分な準備も調査もせずに行けば、同じように中国政府の偽宣伝に騙され「海外のウイグル人の言っていたことは誇張だ。実際のウイグルではそれほどひどいことは起きていない」と発言してしまうでしょう。

これは日本国民、特に知識人やジャーナリストの方々も同様です。ウイグルに行って自分の目で確かめようという発想は間違っていないかもしれません。しかし「自分の目」というのは、実は意外と頼りないものです。十分なウイグル語のコミュニケーションも取れず、短期間の滞在で、しかもガイドは中国人かあるいは現在の中国人と全く同じ意識のウイグル人（でなければガイドにはなれません）という状態では、真実に触れることはできません。

これから中国が大々的に行うであろうキャンペーンに、どうか国連も、また日本を含むすべての世界の人たちも騙されることのないようお願いいたします。

巻末特別対談

ウイグル、チベット、モンゴルのこれから

イリハム・マハムティ × ペマ・ギャルポ

出会いと先駆者・白石念舟氏

イリハム（イリハム・マハムティ、以下イリハム）　ペマ・ギャルポ先生と初めてお会いしたのは２００８年でしたね。人権弾圧が続く中国における北京オリンピック開催に抗議する集会で、私は一人のウイグル人として参加していました。ペマ先生が別の方に「本日登壇されるウイグル人はあなたですか」とお尋ねになっている時に、「失礼します、私がウイグル人のイリハムです」と自己紹介したのを覚えています。

そして1年後に私は桐蔭横浜大学でペマ先生のゼミに入学し、国際政治を勉強することになって2年間大変お世話になりました。卒業の年に東日本大震災が起きてしまい、卒業式ができなかったのは忘れられない記憶です。

ペマ（ペマ・ギャルポ　以下ペマ）　そうでしたね、もう14年のお付き合いですね。私はそれまでも、日本でウイグルの人たちに出会うことはありました。

日本シルクロードクラブという団体を主宰していた白石念舟先生という方がおられて、私も何度かその団体で講演をしたことがあります。

イリハム　白石先生は、日本でウイグル人留学生のお世話をしてくれる人として、私たちウイグル人の間では90年代から有名な方でした。新松戸市の夏祭りの時に、ウイグルの料理や音楽、舞踊などを紹介してくれたのが白石先生でした。

夏祭りを通じて留学生の私たちに、まずウイグルの文化を大事にすることが大切だと教えてくれたのです。ウイグルの文化と正しい歴史を日本人の皆さんに伝えるために、1994年にシルクロードクラブを立ち上げたそうです。

ペマ　白石先生は「政治的なことには関わらないが、文化面や生活面でウイグル人を応援したい」と言っておられましたね。文化関係のイベントもしばしば運営しておられました。ただ正直に申し上げると、私がそのようなイベントに行ってもウイグル人の人たちはあまり私には近づいてこなかったのです。私は明確に反中国の姿勢で発言し、活動していましたから、そのような人間と付き合っているように見られると、自分たちにもご家族にもトラブルが起きかねないと考えていたのでしょうね。ですから私も、あまり深い関係は持とうとしませんでした。

イリハム　ウイグルの留学生は、2000年代初めくらいまでは国費留学生が中心で、その後、すでに日本に来て就職している人の家族や友人などが、私費留学で日本に来る道が開けるようになりました。

それで白石先生はこの留学生の人たちに、中国では学べないウイグルの歴史や文化の本質に日本で触れさせたいと考えていたのでしょうね。

白石先生は2015年に亡くなられましたけれど、ウイグルの理解者であり、運動の先駆者だったと思います。

ペマ　今は、南モンゴル（いわゆる内モンゴル自治区）やウイグルの運動も盛んになり、議員連盟もできていますけれど、2008年頃までは、実際に名前や顔を出してモンゴルやウイグルの問題を訴えている人はほとんどいませんでした。

南モンゴルでは、1990年代からリ・ガ・スチントさんが自ら内モンゴル人民党と名乗って、馬頭琴を弾きながらモンゴル問題を様々な場で訴えていましたが、その方くらいではなかったでしょうか。

これは批判ではなくて、ウイグルやモンゴルの問題は日本ではほとんど知られていませんでしたし、自分たちの安全や何よりも家族のことを考えると、運動に立ち上がるのは簡単なことではありませんでした。

イリハム　自国の歴史や伝統を日本に来て初めて知る留学生もいたのですから、その意味で白石先生の存在や、母国を解放する活動が活発化してきたのは、白石先生を始めとする方々のご努力、ご尽力がとても大きかったと思います。

ペマ　2008年、チベットでの大規模な抗議行動が起きましたね。同様にウイグルでも様々な衝突が見られ始めたこともあり、白石先生も、やはり何らかの形でウイグルの運動を日本で起こすことが必要だと考えられたのでしょう。

支援者の方々も集まり、日本ウイグル協会の結成に向かいましたね。その中で、政治運動、人権運動の場で出会った最初のウイグル人がイリハムさんでした。他にもモンゴルではケレイト・フビスガルトさん、オルホノド・ダイチンさんなどが立ち上がって、チベット人の私としてもとても嬉しく励まされたことを覚えています。

やはり、それぞれの民族が、自分の問題を自ら訴えなければ説得力はありません。また、チベットで行われている弾圧や虐殺が、他の民族にも同じように加えられていることから、中国共産党の全体主義体制の実態がさらに伝わることになりましたから。

イリハム　個々の運動が集まって大きな流れになることが望ましいですね。そのスタートが2008年頃と考えていいでしょう。

日本での生活の始まり

イリハム　私が日本に来て最初に困ったのは食べ物でした。ご存じのように私たちウイグル人は宗教上の理由で豚肉は食べられない。

今ではハラル料理などのレストランもありますし、羊肉なども買いやすくなりましたが、当時はまだ日本語が十分できない時点で、例えばコンビニやデパートの食料売り場に行っても、何を買ったらいいのかがわからない。

おでんを食べれば大丈夫だよ、基本、魚だからと教えられたのですが、コンビニでおでんを買おうと思ったら、ソーセージが入っている（笑）。

ですから、最初はとにかくうどんと、あと鶏肉などを買ってきて自炊することが多かったですね。ラグメンという麺がウイグル料理にもありますから、うどんがあって本当に助かりました。

麺類というのは考えてみると世界中にあり、スパゲッティ、ラグメン、うどん、拉麺など世界共通の食べ物だといえますね。

先生も日本に来られた頃、食べ物で困ったことがありますか？

ペマ　これは私も思い出がありますよ。最初に日本に来た時、支援者の方の病院の寮に住むことができたのですが、来日してすぐお正月。日本では恒例のお節料理が出てきたのです。

今はとてもおいしいと思いますけれど、当時は、冷たくてしかも小さな器に盛られたおせち料理を見て、お正月なのに日本人たちはおいしいご馳走を食べて、自分たちチベット人には冷たい残り物を出してきたのかと思ってしまった(笑)。それで、辞書を持ってきて、管理人の人に「豚」「餌」といった字を示して抗議しました。

もちろん管理人は、そんなことはないと怒りましたよ。これはとてもおいしい、かつ日本の伝統であるお正月のご馳走なんだと答えました。

次いでそれなら君たちは何が食べたいのかと聞いてくれて、隣町まで車で送ってもらい餃子をご馳走になりました。

餃子に近いチベットの食べ物には「モモ」という料理があって、これはウイグルにもモンゴルにも近いものはありますね。もともとはおそらく満州人の料理で、各地域の習慣に沿って発展したのだと思います。

チベットではウイグルのような食のタブーはあまりないけど、基本的に魚はあまり食べない。小さな命をたくさん奪うのはいけないという考えから、小魚とかは特に食べるべきではないとされています。ヤクという大きな牛がいて、家畜としても食肉としてもとても大切な動物です。

日本でヤクの代わりになったのがクジラ肉で、ありがたかったですね。当時は安く買えましたし、「海の牛」と思っていました。

イリハム　「海の牛」とは良い名ですね。食べ物は毎日のことですから、非常に大きな問題だと思いますね。外国人が日本で快適に折り合いながら暮らす上で、食の問題は欠かせない項目ですよ。今は東京を始めとして地方でも各国のレストランがありますから、良い時代になったものです。

日常生活でいうと、私たちにとってイスラムのお祈りを毎日することはとても大切ですが、お祈りする場も限られていますよね。精神的にも必要なことですから欠かせません。ですから代々木上原のモスク、東京ジャーミイには何度も訪れました。

ここはロシア革命後に日本に逃れてきたタタール人の礼拝の場として、戦前、1938年に建てられたモスクで、ウイグル人が誰かをしのぶ集いや記念日などには自然に集まってきます。ウイグル人たちの定期的な交流の場にもなっていました。

ペマ　祈りの場は本当に必要ですよ。イリハムさんがウイグルにいた若い頃は、やはり宗教儀式などは禁止されていましたか。

イリハム　この本でも少し書きましたが、確かに公共的な場での制限はありましたけど、個々人の家庭とか、お祭りや葬式などは、イスラム式で堂々と行うことがまだできましたね。今では考えられないですね。現在では絶対許されないことで、当時はまだ時代が良かったと思っています。幸せでしたね。

ただ、これは中東のイスラム教徒とは少し違うかもしれないのですが、私たちウイグル人は、それほど宗教的なものにこだわっているわけでもなかった。

ひとつには、ウイグル人は服装でも、女性はスカーフを使うけれど、顔を隠すとか黒い服を着るなどの習慣はなかったし、音楽や踊りはもちろん大好きだし、割合緩やかな信仰を持っている民族だと思います。

女性に関しても尊敬し、意見を聞くなどしてました。これは多くの日本の人にも知ってほしいのですが、世を騒がせているようなものがイスラムの本質と思われているように感じますが、私たちウイグル地域では常に穏やかで楽しく過ごすことが主体です。

祈りを捧げることで、文化を育み、踊りを楽しみ、美しいカラフルな衣装を身に着けるなど毎日の生活上に必要なことを祈っていたといえます。

しかし、そんな中でも中国政府も、様々な制約や弾圧を巧みに行っていたともいえる状況でした。例えばイマーム（宗教指導者）はほとんど共産党の関係者でもありましたね。

知らないところで着々と手を打っていたと今更ながら理解しています。

ペマ　これは個人的な意見ですが、ソ連が崩壊し、冷戦が終焉してから、アメリカは新しい敵としてイスラム原理主義を迎えることになった。9・11の同時多発テロ事件の後から、そのことは完全にアメリカの国策となり、まるでイスラムそのものが敵であるかのような発想さえ生まれてきた。

これを最大限に利用したのが中国政府ですね。9・11以後の「テロとの戦い」を、国内のウイグル人弾圧を正当化するために、中国の政策に批判的なウイグル人は、危険なテロリストであるかのように宣伝しました。

しかし、中国政府が「テロ組織」と名付けたＥＴＩＭ（東トルキスタンイスラム運動）は、当局の発表以外ではほとんど活動した実態がありません。そして今でも、中国政府は国内のウイグル収容所を、テロ対策であるかのように述べています。ウイグルにおける弾圧が強化されるのは、まず9・11が大きなきっかけになったのではないでしょうか。

ウイグルにおける意識の地域差

イリハム　それから、これはまだ日本人の皆さんにはあまり知られていないことですが、ウイグルといっても、地域、大雑把にいえば北部と南部では多少意識に差があります。北部はどちらかというと、昔から中国人との交流があるので、多少、中国人との共生の歴史がある。しかし南部、特に農村地帯は純粋にウイグル人だけが住んでいる傾向でした。

ですから激しい抵抗運動などは、わりと南部で起こりやすいし民族意識も強い。特に、私がウイグル弾圧の象徴だと考える新疆生産建設兵団は、ほぼ南部の都市を中心にウイグル人支配のために配置されている。

さらにいえば、これはウイグルに限りませんが、すべての中国人の戸籍は、農村戸籍と都市戸籍に分けられています。これは１９５０年代後半に定められたことで、基本的に、農村から都市への移動にはとても厳しい規制があります。

実はこれはひどい差別的な制度なのですが、二つに分断することで各民族の意識を分裂させる要因にもなっています。農村戸籍の人間は一生農村に縛り付けられ動けないのですから。

ペマ これは違う形でチベットでもありましたね。中国の侵略が１９５０年代に始まった時、最初に抵抗したのは東部チベットのカムパ族たちで、57年くらいまで続き、首都ラサでは「東部チベットが余計な紛争を起こすからいけないのだ」と、抵抗運動を批判する意見すらあったのですよ。

各地域による意識の差というのはあって、中国政府はそこを利用した。民族内部の対立や意識の違いを利用するという、すごく狡賢い方法を取っています。それにより私たちの運動は何度も分断されてきましたね。これからは民族の側も賢くなって、共通の敵を見失わないようにしなければならない。

中国の人民解放軍は、侵略時にもさんざんプロパガンダを行っていました。自分たちはチベットを解放し、豊かな国にするために来た、人民のものは針一本取ることはないと言っていたのに、チベット人が気を許していると、ただちに支配し、食べ物から何から奪い取っていく。

最初はむしろ歓迎していたチベット人たちも、なぜ、チベットを助けに来る友人だという中国人たちが鉄砲を持っているのか、自分たちのものを奪うのか、そうしたことからだんだん気づいていったのですけれど、その時にはもう遅かった。

イリハム　それは全くウイグルでも同じです。最初は支援する、解放するといって、いざ進駐してくると今度は全部奪い取ってゆく。

ウイグル人の民族意識が完全に目覚めたのは、ある意味中国による占領下ですよ。弾圧を受ける中で民族意識が逆に高まった。

ペマ　チベットも、故郷への帰属意識はあったけれど、国家意識を持つようになったのは、もしかしたら中国に占領されてからかもしれないですね。

イリハム　逆説的ではありますが、そういった民族意識の発露になった可能性はあります。

日本で気付いたチベット、ウイグル、モンゴル問題の根本

イリハム　恥ずかしながら日本に来るまでウイグルの正しい歴史についてはよく知らなかったんですよ。もちろん故郷でも土地を中国人に奪われたとか、ここは無理やり中国の一部にされたとかいう話は聞いていましたけれど、体系的に学んだのはやはり日本に来てからです。

日本でコンピューターを学んで、ネットに触れることから、中国では知りようがなかった歴史的事実に触れることができました。

ウイグルが１９３３年、44年に独立していたこと、特に44年の東トルキスタン共和国独立と、当時の中ソ両国が我が国を滅ぼしたことを知ったのは大きな衝撃でした。もちろん、中国共産党が政治権力を握った後、多くのウイグル人が亡命し外国で活動していたのですが、彼らの訴えや情報は、ウイグル国内にいる私たちにはほとんど届いていなかったです。

高校時代、ヴォイス・オブ・アメリカ（ＶＯＡ）の放送を聞いたことはあって、

そこで中国人がウイグルを弾圧しているとか、あるいは計画的に移民を送り込んでいるくらいの知識はありました。弾圧や計画的移民は中国の法律にも違反している。法律では民族自治区の自治権は各民族にあることが明記されているのに、現実には中国人が移民してきて自由に住み続けるのに、ウイグル人は自治区でろくな仕事も見つけることができない。そのような不平等はもちろん感じていました。

ただ、歴史や文化の面では、ウイグルにいてはわからないことがたくさんあった。自分たちの歴史、文化を奪われ、あるいは隠蔽されていることは日本に来て自由な社会で様々な情報に触れてやっとわかった次第です。情けない真実です。

ペマ　まさにその通りです。

イリハム　これは現在の日本でもある意味で同じじゃないでしょうか。中国の情報戦で、日本人自身も、日本と中国の本当の関係や歴史を知らなくなっている人は多いはずです。

中国のやり方は、まず、他の民族の歴史を奪い、ゆがめ、自分たちの都合のいいように事実を捻じ曲げて教え込もうとする。それは中国が日中の歴史に対してもプロパガンダとして行っているはずです。

私たちウイグルやチベット、モンゴルに対し中国が行ってきたプロパガンダの実態を知ることは、日本にとっても重要な情報戦のヒントになるはずです。まさに日本で現在行われている進行中のプロパガンダですからね。

ペマ　全く同感です。日本が中国、特に第二次世界大戦後、中国共産党政権が誕生してからの民族弾圧の歴史も、日本には全く逆の意味で宣伝されていて、相当長い間、有力なマスコミや、言論を主導する多くの知識人を支配していました。

私がチベットに対する侵略や虐殺、伝統文化の破壊などを訴えても、最初のうちはほとんどの日本の方には信じてもらえなかった。中国共産党は、封建制度のチベットを解放し近代化、民主化し、チベットは発展しているという中国政府の宣伝が広く行き渡っていたからです。

私は何も、かつてのチベットを理想社会のようにほめたたえるつもりはありません。特に、近代的な国家意識を持たなければ主権が守れない時代が来たことに気付かず、古い制度の中に安住していた危機意識のなさは、チベット社会の欠点だったと今になれば思います。

祈りや精神的な議論だけで国が守れるはずはなく、もっと国際社会の動きを直視し、「自分の国は自分で守る」という意識を持たねばならなかった。

ただしこれは断言できるのだけれど、中国の支配下では、かつてチベットではありえなかった餓死や虐殺が堂々と横行し、仏教信仰が批判され、寺院は破壊されお経は燃やされて、しかもチベット人のアイデンティティはすべて否定された。それは解放ではなく虐殺であり民族の抹殺です。

このジェノサイドが共産主義の名のもとに実行されていることを私は必死に訴えたけれど、耳を貸してくれる人は多くはなかった。

大きく状況が変わったのは、ダライ・ラマ法王がノーベル平和賞を受賞し、かつ、天安門事件が発生した1989年でした。中国政府のチベット弾圧と、それによって120万人の犠牲者が出たこと、それにもかかわらず、法王が平和と中国政府との対話を求めていることが国際的に認められました。

逆に、天安門広場では、民主化を求めて平和的な抗議行動をしていただけの市民と学生が、中国政府の人民解放軍によって虐殺され、民主化運動が禁止されました。痛ましい事件ではありましたが、天安門の悲劇によって、日本のマスコミや知識人にも中国政府の本質がかなり理解されたはずです。

ただ、チベットは多少なりとも理解が進みましたが、ウイグルに関してはまだ時間がかかりました。先ほども述べましたが、２００８年、イリハムさんたちが名前と顔を出して運動や発言を始めたことで、日本にもウイグル問題の存在がアピールできたのです。

イリハム　そうですね。意味のある行動だったと思います。

ペマ　その意味で白石先生はもちろん先駆者ですが、もう一人、中国学者の水谷尚子先生の存在も大きかったと思います。２００７年の段階で『中国を追われたウイグル人――亡命者が語る政治弾圧』（文藝春秋）という、ウイグルの海外亡命者たちをインタビューした本を出し、その中で現在、世界ウイグル会議総裁を務めているドルクン・エイサ氏も取り上げられています。

そして、２００９年には、当時の世界ウイグル会議総裁ラビア・カーディル氏の自叙伝『ウイグルの母ラビア・カーディル自伝――中国に一番憎まれている女性』（ランダムハウス講談社）も翻訳されました。

私はある財団の研究会で水谷先生とは早い時期にお会いして、熱心にウイグル問題を訴えておられたのを覚えています。水谷先生は思想的にはリベラルな方で、歴史問題などでは考えの違うところもありましたが、それでも、この問題に最も早い時期から取り組み、学者として発言してこられた。

もう御一方は、殿岡昭郎先生ですね。殿岡先生はベトナムで難民救援や、共産主義政権への抵抗運動をずっと応援してこられていて、その後はウイグル、モンゴル、チベット運動に関わり、「三民族の連帯」という理念をとても強く持っておられた。

殿岡先生も白石先生のシルクロードクラブでもお会いしましたが「中国民族問題研究」という冊子を出していて、これも今考えると先駆的な活動だったと思います。

イリハム　私も水谷先生や殿岡先生の働きへの感謝は今も決して忘れてはいません。水谷先生は継続的にウイグル問題に関わってくださっています。強制収容所の体験者の証言集会もアムネスティなどと協力して早い段階で集会を開催しています。

私は殿岡先生には運動の初期に本当にお世話になりました。2008年、長野の聖火リレーに抗議した時、東トルキスタン国旗を掲げたのも、殿岡先生たち日本人の協力あってこそできたことです。本当に心から、抑圧された民族に対する思いを純粋に持っておられました。

ペマ　このような先駆者たちがいたことは決して忘れてはならないし、日本の皆さんが私たち民族への悲劇的な現状に同情、共感してくださり、助けてくれるのは本当に嬉しい。どんな立場の方であれ、私はその人たちに感謝し、もし呼ばれればチベットの問題についてどこにでも行ってしゃべります。

ただ同時に、ウイグルであれ、チベットであれ南モンゴルであれ、この問題の本質を見誤ってはならない。これは「可哀想な人たちがいるから助けてあげたい」という問題だけではないのです。

もっといえば、人権問題というだけのものでもない。これは中国が、本来民族自決権を持ち、独立する権利を持っている、チベット、ウイグル、モンゴルなど各民族を、植民地支配し、収奪し、最終的には民族を滅ぼそうとしているという問題であり、これを世界が看過してしまえば、やがて、この侵略の手は自分たちの国にもおよぶという事実です。

海を隔ててはいますが、隣国である日本には、沖縄をはじめ必ずその手が伸びてくる。その意味では、日本国自身の問題でもあるという視点は失わないでいただきたい。チベット運動を1980年代から支援し、ともに活動してこられた酒井信彦先生は、日本のマスコミ、NHKもそうですけれど、いまだに「チベット族」「ウイグル族」という言葉が使われていることをずっと批判してこられました。
次に紹介するのは酒井先生の論説ですが、私もこの考えには大賛成です。

- 日本語で「〜族」というのは、「〜人」のような高度な文化や歴史、国家といった組織を持ったことのない、より下位の部族段階の人間集団を意味する言葉だ。中国のチベット人やウイグル人を、日本のメディアがチベット族、ウイグル族としているのは、中国でそう表現しているものを、漢字が共通なので、無批判に流用しているからである。
- では、なぜ中国では『族』と表現するのか。それは、中国は56の民族で構成されているが、すべてを統合する「中華民族」という概念を作っているからだ。そのため、個々の民族を「〜人」とは言わず、「〜族」と表現する。したがって、日本で普通に称される「中国人」、正確には「シナ人」というべき人間集団も、「漢族」というわけである。
- つまり、中国は「中華民族」として単一民族国家であると主張しているわけであり、その目的は、チベット人やウイグル人らに、分離独立をさせないように

するためだ。（「族」の表現は侵略者の視点　酒井信彦　産経新聞２０１９年８月18日）

イリハム　私も「ウイグル族」といわれるとどうしても抵抗がありますね。一度、日本では「暴走族」という言葉がありますが、どうもこの「族」という言葉は悪い意味ではありませんか、と言ってしまったことがありました（笑）。

中国政府はわが国には56の民族があるといいますが、同時に、「中華民族」という概念を作り出して、すべての民族を中国人の支配下に置く形で、中華思想のもとに支配しようとする。そして、支配に抵抗するものは抹殺されるのです。

世界ウイグル会議の開催と安倍晋三首相への感謝

ペマ　２０１０年に、私、イリハムさん、石平さん、そして亡くなられた関岡英之先生が集まって、中国に対峙し、かつ、アジアの各民族が連帯して民需化の促進と民族自決権の確立を実現しようと、「アジア自由民主連帯協議会」を結成することになりましたね。意見はそれぞれの立場で違って全然かまわないから、連帯できる点を見出して運動していこうという方針でした。

その過程で、中国人の石平さん、中国民主化運動の相林さん、この二人は、「チベットに対し侵略を行い、今も弾圧していることに、中国人としてお詫びしたい」と、公的な場で謝ってくださいました。

私はもちろん、このように謝罪し反省してくれた中国人は味方だと思っています。各民族の問題を解決するには、中国人自身に変わってもらわなければならないし、そのためには私たちの側も、彼らを排除したり差別したりすることがあってはならない。あくまで批判するのは共産主義独裁や、他民族を蔑視し支配しようとする中華思想であって、個々の中国人ではないですから、と述べました。

こうしてイリハムさんと一緒に運動を始めて、最初に感動させられたのは、2012年5月の世界ウイグル会議開催でした。

まだ設立間もない日本ウイグル協会が、イリハムさんのもとに団結して、当時ノーベル平和賞の候補だったラビア・カーディルさんをはじめとして、世界中のウイグル運動のリーダーたちが集まる世界ウイグル会議をここ日本で開催し、立派に日程をこなした。

しかも、東日本大震災が起きてからまだ1年少しの段階です。これは本当にイリハムさんの立派な功績だと思いました。

イリハム　2012年の世界ウイグル会議は、まだ私たちも力不足の中でしたけれど、どうしても日本、つまりアジアの民主主義国で開催したかったのです。

ヨーロッパやアメリカでの開催ももちろん意味はあるのだけれど、この問題はアジアで今現在起きている侵略なのだということを訴えたかった。日本人ボランティアの方々は本当に身を粉にして働いてくれました。

あの時の日本人の姿は、私は一生忘れられないです。通訳から、来日したウイグル人の送迎、タイムスケジュールの管理、各イベントの準備と運営、本当に頭が下がるほどの働きを無償で行ってくれました。

当時、日本は野田内閣だったのですが、この政権も、中国からの妨害にひるまず、ラビア総裁（当時）などに堂々とビザを出してくれましたし、中国政府は、各国会議員に、この世界ウイグル会議はテロリストも参加しているから開催すべきではないとまで、わざわざ書面で通告してきたけれど、議員はむしろそれをはねのけ、こんな抗議は内政干渉で不当だと反撃してくれました。

また自由民主党も野党だったのですが、この世界ウイグル会議を応援するために、ウイグル国会議員連盟を結成してくださいました。これを主導したのは、昨年7月凶弾に斃れた安倍晋三先生でした。世界ウイグル会議開会式が、憲政記念会館で行われた時の感動は忘れられません。

アジアの民主主義国日本の、権威ある会館で、私たちウイグル人が民主的な大会を開いたことは、きっと歴史に残ると確信しました。

ペマ　それはイリハムさんが前面に出て、危険を顧みず顔も名前も出して呼びかけたからこそできたことですよ。民族の運動は、各民族自身が訴えない限り、日本人の共感を呼ぶことはできない。

私はその意味で、もちろん今はたくさんのウイグル人が前に出て運動をするようになったことはとても素晴らしいことだと思っています。

日本ウイグル協会も変わりつつありますが、イリハムさんが先駆者として行ってきたことは永遠に消えない価値を歴史にとどめたと確信しています。

イリハム　そしてここで強調しておきたいのは安倍晋三先生のご尽力です。このウイグル国会議員連盟は安倍晋三先生が、その同志たちとともに基礎を作り出してくださいました。

古屋圭司先生、衛藤晟一先生、下村博文先生のお三方は皆、安倍晋三先生に近い愛国者であり、かつ、アジア諸民族への理解と共感の深い方々でした。この議連の結成は、後に南モンゴル議連の結成、チベット議連の充実化など様々な広がりを見せていきます。

安倍先生は真剣に対応してくれました。東京大学の留学生で、日本でウイグルの歴史資料を調べていただけで拘束されたトフティ・テュニヤズさんの釈放のためにも尽力してくださいました。

トフティ氏は、平成10年2月中国に一時帰国した際「国家分裂罪を扇動した」という罪で逮捕されています。私も日本でウイグルの真実の歴史を知った人間の一人として、トフティさんのことは他人ごとではありませんでした。

東京大学の関係者や、国連も動いてはくれたのですが、安倍晋三先生は、2008年に当時の胡錦濤国家主席が来日した時、直接に「彼の妻と家族は日本に生活しており、私はトフティ氏が無事釈放され、日本に帰ってくることを強く希望しています」と要請してくださいました。

胡錦涛は「その件は知らないので正しい法執行が行われているかどうか調べる」と答えたようですが、その後、獄中のトフティ氏の待遇は改善され、２００９年に釈放されることになりました。トフティ氏は２０１５年に亡くなりましたが、安倍晋三先生が一ウイグル人留学生のために尽くしてくれた志は素晴らしいものでした。

その安倍晋三氏が暗殺され、私は心から冥福を祈っています。政治家としての評価は様々でしたけれども、これだけアジアのため、ウイグルのために尽くしてくださった政治家が失われたことを心から残念に思いました。

今後、安倍先生のようにアジアのことを考え、取り組んでくださる政治家が生まれるのだろうかと思うと、本当に日本にとって、世界にとって、大きな損失だったと思います。

ペマ　そこは私も全く同感です。最近書いた本（『中国が仕掛ける東アジア大戦争』／ハート出版）でも指摘しましたが、安倍晋三先生の主張されたインド太平洋構想と、そこから生み出されるクアッド、つまりアジアにおける民主主義の環を作り出して中国に対峙し、全アジアの民主化を成し遂げるという構想は、今後日本が、そして世界が引き継ぐべき理想です。安倍晋三先生は、戦後日本における最も偉大な構想を打ち出した政治家だったと私も確信しています。

そして、これは明らかに政治的暗殺であるのに、メディアにはまるで殺人犯を擁護するような言動すら見られます。民主主義を守るためにはこのような暗殺行為はいかなる意味でも認めてはならないし、その動機を断定し、一方的にストーリーを作ってしまうのは、報道ではなくあえていえば世論の悪しき誘導に他なりません。

難民、移民問題の本質と覚悟

イリハム　ただその一方で、日本では少しウイグル、そしてアジアの問題が誤解されていると感じてしまうこともあります。

残念ながら日本人の中には、移民や難民に対して、正直、やや排他的とも思われる言説を主張する人が、ごく少数とは思いますが存在します。

私とともに、女性として最も早い時期からウイグル問題を訴えてきたグリスタン氏が日本の国政に立候補した時に、匿名のネット媒体で、帰化一世は国政に立候補すべきではないとか、イスラム教の習慣は日本にはなじまないといった意味のことを書き込んで批判する人がいました。中には、かなり誹謗中傷的な書き込みもあったようです。

私たちウイグル人は確かにイスラム教徒ですが、そのことで日本社会で大きなトラブルを起こしたり、日本の法律に反するような行動をとったりはしていないはずです。むしろ、私たちはもはや故郷に帰れば収容所に入れられてしまうかもしれないのですから、他の外国人以上に、日本社会で一生懸命生きていくために努力しています。その立場を理解してほしい。

日本の歴史を見る限り、この国は差別や偏見を持つことなく、法律を守り日本の伝統を尊重する外国人たちは温かく迎え入れてきたはずです。

ペマ 私もチベット難民の一人でした。そして、この日本で温かい支援者たちに守られて育ちました。ですから、日本社会が決して排他的ではないことは自ら体験しています。

私の個人的な見解ですが、匿名で他社を誹謗するような人は相手にする必要はないし、そして帰化し国籍を持てば、自由に日本の国政にも地方行政にも発言し、参加する権利を持つということこそ、日本が、中国と違い、立派な民主主義国であることのあかしですよ。

私はグリスタン氏の訴えも聞きましたが、大変力強く、ウイグル人だからこそわかる中国の危険性に、日本国民の皆さんは気付いてほしいと訴えていました。結果として2万人を超える支持が集まったのですから、意義のある行動だったと思いますし、これからもウイグルの問題を訴え続けてほしいと願っています。

ただ、それとは別に、移民や難民を受け入れる際、この人たちは人間であって、モノではないということはしっかり自覚しなければならない。一人一人の人間は、それぞれの属する民族の伝統、信仰、文化、生活習慣を持っています。

それを尊重するとともに、この日本社会で孤立したり対立せずに生きていくための基本的なルール、日本の伝統的価値観、そして法律などをきちんと教え、守らせる覚悟と、そのために必要な体制を備えて外国人を受け入れなければ、逆に日本国内に様々な対立の種を撒くことになりかねません。

今、この移民問題、難民問題で世界中の多くの国が苦しんでいる。そのことへの正しい理解と対策は、具体的な法整備を含めて、これからの日本にぜひ必要なことでしょう。

イリハム　日本人が大切にしていること、ウイグル人が大切にしていること、それぞれが敬意を持ちながら共生することが大事だと私も思います。

ペマ　今、日本社会はウクライナの戦争避難民を受け入れている。それはもちろん人道的なことです。しかし、もちろんそうなってはいけないですが、仮に中国が台湾に侵略してきたら、日本はさらに多くの難民を保護する必要性が出てくるかもしれない。もっといえば、中国国内や、朝鮮半島で大きな激動が起きれば、中国人難民、朝鮮人難民が海を渡ってくることもありうる。

その時にどうすればいいのか、日本にとって深刻な問題ですが、この事態への準備はしておかなければなりません。

偽装難民や、工作員が難民に紛れてやってくる可能性も含めて、今の日本国の法律のままでよいのかという問題が出てくるのです。

それにもまして何よりも、難民が出てこないような世界を私たちは作らなければならない。そのためにまず、日頃から平和を維持する努力をしなければならないし、必要な防衛力や、情報収集能力、他国からの工作員による不当な干渉や工作を防止するだけの諜報力を持たなければなりません。ですから、日本は憲法改正やスパイ防止法を含め、まず、平和を維持する強い力を持つことが最低条件です。

そして、さらには、安定した民主主義社会を世界中で実現させ、各国の対立や紛争を平和的に解決できる国際情勢を作り出すしかありません。そのための努力を、アジア諸国、諸民族はもっと自覚して、アジアの民主化を実現していかなければならないのです。

イリハム　難民といえば、ウイグルも多くの難民が2010年代に中国を脱出しました。この人たちは多く東南アジアに逃れ、その後はトルコを目指しました。

現在も何万人というウイグル人がトルコにビザのない状態で滞在しており、もしもトルコ政府が中国寄りの姿勢になれば、ただちに強制送還の危機に陥ります。

現段階でも、トルコ政府が危険人物とみなしたウイグル人は様々なルートでヨーロッパに逃れようとしていますが、彼らは捕まれば中国に送還され、おそらく収容所に送られる。ウイグル難民の問題も大変深刻です。

ペマ　日本は国連に巨額の資金を出しているのだし、難民高等弁務官にもっとこのような問題の解決を訴えなければいけませんね。かつて私は奥野誠亮先生とともに、日本でも難民救援の法整備を実現しようとし、神奈川県に難民のためのシェルターも作るところまで行ったのですが、それは80年代にベトナム難民のために使われただけで、その後は機能していないようです。積み残した事案です。

ウイグル文化を守り引き継ぎたい

イリハム　私がこれからやりたいことは、私を育んでくれたウイグルの文化伝統、さらに正しい歴史を日本で伝えていく文化センターを作ることです。

このままでは、ウイグル人とともに、ウイグルの偉大な文化、中央アジアからシルクロードを経て生み出してきたアジアの偉大な文化が滅ぼされてしまう。日本でウイグルの文献や書籍を探そうと思っても、どこにも売っていません。幸い海外に脱出したウイグル文化人たちによって、その記録は映像や文字である程度残されています。

そのような文化を少しずつ紹介していくこと、故郷で禁止されていくウイグル語をこの日本をはじめ海外で子供たちに伝えていくこと、それは今私が一番行っていきたいことです。

ペマ　それは素晴らしいことだし、私も、チベット文化研究所を作って、応援してくれた皆さんとともに日本でチベット仏教や文化の紹介を持続してきました。私はその文化を守り伝えることも、ある意味戦いだと確信しています。

中国政府がどんな暴力を使っても、それは確かに人間の命を奪うことができるかもしれないけれど、その精神まで滅ぼすことはできません。チベット仏教は、国が侵略されても、亡命した仏教僧によって守り伝えられてきました。

その高い精神的価値は、欧米でも日本でも評価され、実は今、中国国内にも、共産主義によって荒廃した社会の中で、チベット仏教に憧れる中国人が出てきている。ウイグル文化も信仰も同じだと思います。

イリハムさんがこれから行おうとしている文化運動も、お金と暴力しか信じない中国共産党の侵略に対する、精神面からの抵抗になることでしょう。

イリハム　ウイグルというと、日本のほとんどの方は料理などでなじみができてきていますす。それだけではなく、ウイグルには社会の規範ともいえる男女関係、親子関係など日本とよく似ている文化伝統があります。ウイグルの文化はシルクロード文化といわれる中でも大きな位置を占めており、他所への影響も大きなものがありました。それらの文化をきちんと伝えていきたいのです。

日本人もウイグル人もウラルアルタイ系の一員であり研究課題となるはずです。興味を持つことで新しい繋がりも見えてくる希望を持っていますね。例えば楽器などではインドのシタールとウイグルのドゥッタール、そのどちらが先かわかりませんが、日本にわたり琵琶法師が奏でる琵琶となったなどね。

私はイスラムの教えを守りながらその文化を伝えていくことが、自分の使命であり次の仕事だと考えています。

ペマ・ギャルポ

略歴：1953年チベット生まれ。日本に帰化。亜細亜大学法学部卒業。政治学者。拓殖大学日本文化研究所教授、岐阜女子大学南アジア研究センター所長。専門は国際関係、国際政治。モンゴル国際大学政治学博士。

おわりに

この本を読んでくださる皆様へ

初めて横浜の地へ足を踏み入れてから、早くも四半世紀が経ちました。

人生が一変した瞬間でした。

もう半分日本人となった日本での生活ですが、それでも私の心の中にはしっかりとウイグルの故郷の風景、生まれ育ったウイグルの祖先から受け継いだ精神が残っており、今後日本での生活が長くなったとしても失われることはないでしょう。

読者の方は、ほとんどが現在の中国によるウイグル政策、あまりにもおぞましいウイグルのことのみを知る方が多いと思います。

本書で私が書きたかったのは、古くからあるウイグル、歴史と伝統に彩られたウイグルです。

誰にとっても母国は大切な存在です。たとえどんなに蹂躙されようと私にとっては大切な母国です。

その故郷が失われていく姿を日夜見なければならない日々はたとえようもなく苦痛です。その苦痛は、同時に私が過ごした素晴らしいウイグルの少年時代をより強く想い起こさせるのです。

失ってはいけない記憶を少しでも皆さんに知っていただきたいと願います。

同時にそれは日本にいるウイグル人、さらに自分や子供たちに残しておきたいことだからです。

日常生活や遊びの数々を楽しんだ少年時代でしたが、当時のウイグルでの幸せな生活の中にも、気付かなかっただけで、中国の魔の手は忍び込んでいました。

来日以来、私は多くの外国人のように一般的なサラリーマンになる道ではなく、活動家としての道を歩んできました。本文にも出てきますが、私のもう一つの名前であるニジャ（nija）とは〈人を助ける〉という意味です。

生活のための仕事をしながら、ペマ・ギャルポ先生の知己を得て多くのことを学び、中央政府の先兵である「建設兵団」に関する修士論文を書き、中国との関係、中国の非道な政策に対する声を上げてきたのです。

私の思い出を通じて、共産主義思想社会のもとで支配されている人々の思いの一端を理解いただければと願います。

さらにウイグルの悲劇は、日本と日本国民が今現在直面している危機と直結していることを知ってください。現在いろいろなことが急速に進んできています。本書をお読みいただいて、今後のことを考えていただくきっかけになれば幸いです。

改めて皆さまに「ありがとう」と伝えたいと思います。

最後に本書を書くにあたりお世話になった「かざひの文庫」磐﨑文彰社長、ペマ・ギャルポ先生、評論家・三浦小太郎先生、編集・永井由紀子さんに深く感謝申し上げます。

令和5年　8月吉日

イリハム・マハムティ

出版に寄せて

～文化を守ることは民族の生命を守ること～

三浦小太郎（評論家）

本書は２００８年に結成された日本在住ウイグル人組織、日本ウイグル協会にて初代会長を務め、近年まで運動の先頭に立って活動してきたイリハム・マハムティ氏が書き下ろしたものである。しかし、巻末のペマ・ギャルポ氏との対談も含め、これは日本におけるウイグル運動についての本ではない。イリハム氏がその前半生において、生まれ育ったウイグルの地で身につけてきたウイグルの伝統文化についての記録であり、かつ、中国においては入手しようがなかった様々な文献や情報によって学んだウイグルの現代史についての知識をまとめあげたものである。

イリハム氏は１９６９年に生まれている。そして、彼が少年時代を送った70年代後半から80年代にかけては、ウイグルにおいて、いや、チベットや南（内）モンゴルにおいても、中華人民共和国建国・共産党支配実現以後、おそらく最も「平和」な時代だったといえるだろう。

文化大革命の惨劇後、鄧小平時代の改革開放が始まったこの時代、中国政府は、建国後初めてといっていいほど、自らの政策の過ちを認めた。政府の有力者であり改革推進派だった胡耀邦が、チベットで自ら文化大革命の過ちを認めたのはその象徴である。中国政府は、各民族の文化や自治を、この時期だけは一定程度認めるそぶりを見せた。この時期にイリハム氏が少年時代を送ったのは、彼にとってささやかな幸せであったろう。

少年時代をイリハム氏は楽しげに回想しているが、当時の小学校において、当時は学校の先生も、決してウイグル人だからといって差別するようなことはなかったという。もちろん、イリハム氏は、成長するにつれ、中国人とウイグル人との距離、いびつな関係を感じるようになるが、現在の、全土が収容所と化した時代に比べればはるかに平和的な関係があったのだ。

そして、当時はウイグルにおける大家族制度が守られ、子供を親類一同で育てる共同体が生きている。これは日本も核家族化が進む高度経済成長以前は同じだったはずだ。ここで紹介されているようなウイグルの民話も、イリハム氏は子供の頃に、尊敬する祖母をはじめ家族から聞いていたに違いない。

そして、ウイグル人が友人や親類の家に遊びに行き、時間がたてば、そのまま泊まっていくのがごく自然なことだというくだりを読むと、私たちの人間関係とは、ある意味プライバシーや「自由」の名のもとに、希薄になりすぎてはいないかとすら思う。

だが、現在の中国では、ウイグル人の家庭に、見ず知らずの漢民族が強制的に「親族」として押し入っていく、泊まり込むことが公然と行われている。友情や愛情とは関係なく、ウイグル人の「漢民族化」のために、政策として行われているのだ。時代の残酷な編纂を思わずにはいられない。

そして、この時期に日本の映画やテレビ番組が、ウイグルのみならず中国全土で歓迎されていたことも面白い。イリハム氏は、それまでの中国映画は、ほとんどが政治プロパガンダ、特に反日宣伝映画であり、作品として面白くもなんともなかったので、上映された『君よ憤怒の河を渉れ』（1976年日本映画）が大評判になったことを記している（中国では1979年、『追捕』という題名で公開されている）。

この映画について少し解説しておけば、監督は『最後の特攻隊』『人間の証明』などを監督した優れた職人監督・佐藤純彌。主演は高倉健、他には原田芳雄、田中邦衛、中野良子などが出演している。ストーリーは基本、高倉健演ずる東京地検検事・杜丘冬人が殺人事件の冤罪を科せられ、様々な陰謀と戦いながら自らの冤罪を晴らし復讐するというテーマなのだが、映画としての面白さ以上に、当時の中国人の多くは、無実の罪で追い詰められていく主人公の姿に、文化大革命時代の弾圧の苦難を重ね合わせていたのかもしれない。そして『一休さん』他、アニメもウイグルの子供たちに大きな影響を与えており、実は現在に至るまで、ウイグルの留学生には日本の映画やアニメで日本という国に興味を持ったという人は数多い。

だが、このような牧歌的な時代は過ぎ去ってゆく。1989年、ちょうど20歳の時に天安門事件が起きる。チベットでも民衆が決起、イリハム氏も学生の一人としてウイグルで天安門学生たちを支援していた。だが、この民主化運動が弾圧されたのち、時代は中国共産党の弾圧の強化、そして各民族への弾圧に向けて逆行し始めていく。イリハム氏が日本に向けて留学の形で旅立っていくのは、ある意味運命的なことであった。ウイグルで生活し子供を育てることは、結局、厳しくなる差別の中で生きていくこと、それを子供たちにも強いることになる。当時は政治運動までは考えていなかったイリハム氏だが、この地では「ウイグル人」として生きていくことは難しいことを、すでに自覚せざるを得ない状況に置かれていたのである。

来日後、イリハム氏はウイグルの現代史、そして中国のウイグル支配の構図について様々なことを学ぶことができた。これは父親の世代、祖父母の世代が実体験したことなのだが、中国でそれを語ることはできなかったし、また、自由に学ぶこともできなかったのである。本書で詳説される、東トルキスタン共和国の独立の歴史と、中国共産党のウイグル支配の基本構造というべき新疆建設兵団についての研究は、日本にいてこそ可能だった。独立を求めて戦った民族がいかに、中国のみならず様々な大国に愚弄され、裏切られていったか、さらには、独立を奪われたのち、事実上の軍事支配が、他のどの民族「自治区」よりも厳しく敷かれていったかが、本書ではわかりやすく論考されている。

このような研究は確かに日本をはじめ第三国でなければ行えないことであり、だからこそ中国政府は、海外のウイグル人留学生を危険人物とみなしている。イリハム氏が、様々な日本における運動家や知識人との出会いを通じて、自らの民族意識を高め、そしてウイグル人の民族自決と人権改善のために運動を始めるのも、当然の流れといえるだろう。しかし、本書ではこの運動の時代については簡単に触れるだけにとどめている。それは今、イリハム氏が、政治運動とはまた別の方向に向かい始めているからだ。

今現在、ウイグルでは全土の収容所化が敷かれ、ウイグル人が、何ら政治的意識を持たずとも、ただウイグルの伝統信仰であるイスラム教を信仰したり、ウイグルの民族文化、生活習慣を守ろうとするだけで「再教育」が必要な人間として収容所に送り込まれている。やっと国際社会も日本社会もそのことに気付き始め、不十分とはいえ、中国に対する様々な抗議を始めている。日本においても、かつてはイリハム氏はじめ数人しか顔と実名を出していなかった時代とは異なり、多くのウイグル人が日本ウイグル協会に参加し、様々な形でウイグル問題を訴えるようになった。

そして現在、イリハム氏は本書でその一端を明らかにし、ウイグルの様々な文化をここ日本で紹介することを、自分の新たな仕事として始めようとしている。中国が現在行っているジェノサイドとは、ウイグル人の生命を奪うだけではない。ウイグル人の言葉、信仰、文化、そして生活習慣を含む、すべてのウイグル人の民族性を滅ぼそうとしているのだ。かつてイリハム氏は、少なくとも家庭や共同体の中では、ウイグル語を話し、イスラム教を信じ、ウイグルの民話や歌を楽しむことができた。だからこそ、一定程度は中国人とも友好関係を築くことが可能だったのである。今の中国においては、両親が収容所に入れられたウイグル人の子供たちは、幼稚園などの施設で中国人の服を着せられ、中国語だけを教え込まれ、「中国人」として生きていくことを強制されている。これは文化面でのジェノサイドなのだ。

今、この日本をはじめ、様々な国に住むウイグル人が、ウイグル語教育、ウイグル文化の保持と様々な形での啓蒙活動、そしてウイグルの文化伝統を守り、ウイグルの正しい歴史を学び伝えていくこと、それはウイグル民族の魂と生命を守り続けることなのである。

本書はそのための第一歩であり、ここ日本において新たなイリハム氏の出発点として記録されることだろう。

イリハム・マハムティ

ウイグル文化センター理事長、一般社団法人ウイグル難民支援基金代表、アジア自由民主連帯協議会副会長 。
1969 年、中国新疆ウイグル地区クムル市に生まれる。新疆大学予備学部を経て 1990 年西北師範大学中国文学部入学、1991 年中退。1998 年新疆大学中国語学部卒業。 2001 年、来日後、日本語学校、コンピュータ専門学校を経て IT 企業に入社。2008 年、日本で初めて顔と名前を出してウイグルの現状を日本社会で広める。日本ウイグル協会を創設、2009 年 9 月 NPO 法人化認定取得。2022 年、日本ウイグル協会を退会し、現在はウイグルの古くからの文化・芸術・民族性を伝え啓蒙する活動とウイグル難民支援活動を従事している。

わが青春《せいしゅん》のウイグル
―― 誰《だれ》もが日本映画《にほんえいが》に歓喜《かんき》し、健《けん》さんに憧《あこが》れた
イリハム・マハムティ　著

2023年8月26日　初版発行

発行者　磐崎文彰
発行所　株式会社 かざひの文庫
〒110-0002
東京都台東区上野桜木2-16-21
電話／FAX　03 (6322) 3231
www.fusosha.co.jp/
e-mail　company@kazahinobunko.com
http://www.kazahinobunko.com

発売元　太陽出版
〒113-0033
東京都文京区本郷3-43-8-101
電話　03 (3814) 0471
FAX　03 (3814) 2366
e-mail　info@taiyoshuppan.net
http://www.taiyoshuppan.net

印刷・製本　シナノパブリッシングプレス

編集協力　永井由紀子、中村百
装丁　濱中幸子
イラスト　三田圭介
DTP　宮島和幸（KM-Factory）
スペシャルサンクス　三浦小太郎、ペマ・ギャルポ

ISBN978-4-86723-139-5
